U0314282

THE VICTORIANS

Famine and Poverty and

From Empire and Industry to

至暗与巅峰

维多利亚时代的英国与世界

（美）约翰·D.赖特 著

陈青 王勇 译

化学工业出版社
·北京·

The Victorians, by John D. Wright

ISBN 978-1-78274-588-4

Copyright © 2018 Amber Books Ltd, London

Copyright in the Chinese language translation (simplified character rights only) © 2023 Beijing ERC Media,Inc..

This edition of *The Victorians* published in 2023 is published by arrangement with Amber Books Ltd. Originally published in 2018 by Amber Books Ltd.

北京市版权局著作权合同登记号：01-2023-0521

图书在版编目（CIP）数据

至暗与巅峰：维多利亚时代的英国与世界／（美）约翰·D. 赖特（John D. Wright）著；陈青，王勇译. —北京：化学工业出版社，2023.1

书名原文：The Victorians

ISBN 978-7-122-42520-1

Ⅰ．①至… Ⅱ．①约… ②陈… ③王… Ⅲ．①社会生活 – 历史 – 英国 –19 世纪 Ⅳ．① K561.42

中国版本图书馆 CIP 数据核字（2022）第 248701 号

责任编辑：王冬军 张 盼 装帧设计：水玉银文化
责任校对：刘曦阳 版权引进：金美英

出版发行：化学工业出版社（北京市东城区青年湖南街 13 号 邮政编码 100011）
印 装：盛大（天津）印刷有限公司
710mm×1000mm 1/16 印张 14¼ 字数 241 千字 2023 年 4 月北京第 1 版第 1 次印刷

购书咨询：010-64518888 售后服务：010-64518899
网 址：http://www.cip.com.cn
凡购买本书，如有缺损质量问题，本社销售中心负责调换。

定 价：79.80 元 版权所有 违者必究

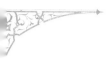

THE
VICTORIANS

目 录

第 1 章
大英帝国

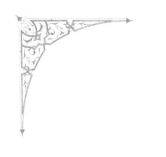

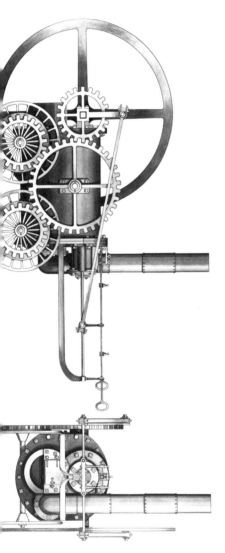

第2章
科学技术

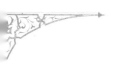

第 3 章
城市生活

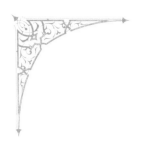

第4章
流行病

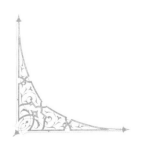

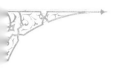

第 5 章
芸芸众生

第 6 章
罪与罚

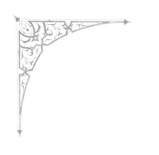

第 7 章
哥特式生活

第 **8** 章
美国

第 **1** 章

大英帝国

欧洲列强在 19 世纪取得了史无前例的发展，他们的军事行动巩固了前两个世纪的探索和殖民战争。此前他们为了控制遥远的区域彼此交战不断，这时候各个国家都在加强对殖民地的控制。

占领防御薄弱的未开发土地有许多"好处"。不平等的贸易协定可以让殖民者大发其财，他们可以抢走所需的原材料，为自己的商品创造新的市场。财宝和考古发现通常被侵略者据为己有。海外的土地也被当作有用的军事据点。但是，殖民地的活动也充满了危险。比如西班牙对美洲的殖民占领最终以1898年美西战争中西班牙的惨败收场。不满情况和反抗意识始终困扰着殖民地的治理，就像英国在印度所经历的那样。

海上霸主

英国殖民地的来源渠道不一。有许多是来自皇家特许公司的开创之举，比如东印度公司、哈德逊湾公司和英国南非公司。英国的官员、军队和殖民者遍布五大洲，所以"大英帝国永不落日"是曾让英国人引以为豪的一句话。

1837 年维多利亚女王登基时，英国皇家海军依靠的是帆船，有点像 1805 年海军上将纳尔逊勋爵（Lord Nelson）赢得特拉法加战役（Battle of Trafalgar）的那些帆船。在维多利亚统治期间，她见证了铁甲船、涡轮发动机、炮塔和鱼雷的出现。英国无可争议的海洋霸主地位从拿破仑战争之后一直延续到第一次世界大战之前。19 世纪时，英国海军的平均规模为 5.2 万人，海军实力等同于排名二三的两个国家之和。

如果没有皇家海军，维多利亚女王遍布全球的殖民地几乎是不可能维持的。令人生畏的英国舰队靠威慑力就足以掌控世界，根本没发生过大规模的海战，只是偶尔有零星的愤怒的炮火。有时候海军也对城市发起进攻，比如 1856 年炮轰广州，1882 年炮击开罗。海军的主要价值在于运输军队，比如在克里米亚战争（当时也摧毁了俄罗斯海军的黑海舰队）、印度起义和两次布尔战争期间。在某些战役中，海军官兵甚至与陆军一起在陆地上作战。另一些时候，它在北非和中国海域打击海盗，并强迫打开了中国和日本等地的外国市场。世人对英国海军的些许好感源自它为识别和捕获贩奴船只所做的事情。除了其他有价值的帝国"事业"外，海军还调查海洋，绘制航海图，探索新的航线和海岸。

西北航道

1845 年，约翰·富兰克林（John Franklin）船长率领他的探险队乘皇家海军旗舰"幽冥"号（Frebus）及"惊恐"号（Terror）出发，去探寻连接大西洋和太平洋的西北航道。1846 年 9 月 12 日，他的船只和船员被困在厚厚的海冰中。人员全部失踪，共 129 人，这是皇家海军极地探险史上最严重的灾难。搜救活动一直进行了 11 年才被取消，留下了搜救历史上的一个未解之谜。

2014 年，水下考古学家发现了"幽冥"号的位置，两年后又确定了"惊恐"号的位置。在威廉国王岛上的一个石窟中还发现了一位船员潦草的笔记。1848 年 4 月 25 日那天的记录写到，三天前已全部弃船，并补充说富兰克林已于 1847 年 6 月 11 日去世，现在由一位名叫克罗泽的军官负责指挥幸存的 105 名船员。他们计划顺着背鱼河（Back's Fish

River）去往哈德逊湾公司的安全所在。其他情况就不得而知了。

鸦片战争

在维多利亚时代，1840～1842年中国和英国爆发了第一次鸦片战争，1856～1860年则爆发了中国与英法联军的第二次鸦片战争。两次战争都迫使中国割让领土，放弃商业权利，也导致清王朝最终在1912年被推翻（1912年2月12日，清朝最后一位皇帝爱新觉罗·溥仪颁布退位诏书，由是清朝正式灭亡）。

贸易是中英冲突的关键。英国希望中国不要限制对外贸易、削减进口的高关税，而中国则希望避免自由贸易。这种分歧最终集中在主要由英国人进行的罪恶鸦片贸易上。英国人从印度运来鸦片，以换取中国的茶叶。鸦片导致中国各个阶层都有众多成瘾者，结果引发了严重的经济和社会危害。中国的贸易平衡也几乎被破坏殆尽。1819年维多利亚女王出生时，外国人每年为中国近300万鸦片吸食者带去价值约500万英镑的鸦片。后来中国政府禁止进口鸦片，并关闭各地的烟馆。1839年，广州当局查封并烧毁了约2万箱共1400吨鸦片。

真正的冲突始于1840年6月，当时一支英国舰队抵达中国香港，驶上珠江，准备到广州开展谈判。遭遇失败后，这支部队在1841年5月攻击并占领了广州。英国人还在1842年8月攻陷南京，并于8月29日强迫清政府签订了《南京条约》。清朝政府被迫将香港岛割让给英国，增加包括上海在内的通商口岸，并赔偿英国商人的鸦片损失。1843年10月8日的第二份条约赋予英国贸易最惠国地位，享有独立的审判权。1844年，法国和美国同中国签署了同样的协议。

上图：1841年，英国军队侵占中国香港。1997年，香港回归祖国。

英国人通常称第二次鸦片战争为"亚罗号战争",这场战争始于 1856 年 10 月,当时广州的中国官员登上了在英国登记的"亚罗"号(Arrow)船。他们以走私鸦片的罪名逮捕了船上的中国船员,据说还降下了英国国旗。随后一艘英国军舰驶向广州,炮轰了这座城市。12 月,广州当地人烧毁了外国人的货仓。法国人借口一名法国传教士在中国被杀,和英国联手行动,而英国的军队行动因为印度起义被推迟了。

1857 年,英法联军占领广州,两广总督被俘。1858 年 4 月,他们到达天津,强迫清政府签订更多的不平等条约,向西方国家开放更多的港口,允许外国公使进驻北京,并赋予基督教传教士行动自由。后来的一份条约甚至将鸦片的进口合法化。

1859 年 6 月,战火又起,英国船只在海河入海口的大沽口被中国军队炮击,伤亡惨重。由于清政府拒绝签署不平等条约,1860 年 8 月,英法联军组成更大规模的舰队摧毁了大沽口的炮台,并在 9 月直攻北京,10 月烧毁了圆明园。清政府被迫签订条约,结束了战争,并将九龙司地方一区割让给英国。

两大毒枭

苏格兰人威廉·贾丁(William Jardine)和詹姆斯·马西森(James Matheson)把鸦片从印度运到中国,大发横财。两人都毕业于爱丁堡大学,之后成立公司,运营运送鸦片的船队。贾丁听说清政府销毁了近 2 万箱鸦片后,立刻求见英国外交大臣亨利·帕默斯顿勋爵(Lord Henry Palmerston),向他施加压力,要求采取行动,他还提供了有关中国的地图和其他信息。历史学家认为这两个苏格兰人是英国发动鸦片战争的主要背后推手。

左图:威廉·贾丁毕业于爱丁堡大学医学院,最初在英国东印度公司担任随船医生。

英阿之战

　　维多利亚统治期间，英国曾在阿富汗发动过两次战争。由于担心俄罗斯在阿富汗的
影响力不断扩大，英国就利用其印度军队夺取对阿富汗的控制。冲突的催化剂是英国人对
阿富汗的统治者多斯特·穆罕默德（Dost Mohammad）有所担忧，因为他在英俄两国之间
挑拨离间。印度总督奥克兰勋爵（Lord Auckland）下令入侵阿富汗，扶植流亡的阿富汗统
治者沙阿·舒亚（Shah Shuja）。这支部队成功地占领了喀布尔，并于 1839 年 8 月将舒亚
立为国王。1840 年 11 月 2 日，阿富汗发生起义，袭击英国军队，多斯特·穆罕默德逃离
监狱，带领他的追随者在帕尔旺省与英国人作战。第二天，他在喀布尔投降，和家人一起
被驱逐到印度。

　　然而起义仍在继续。1842 年 1 月 6 日，大约 4500 名英国和印度军人准备返回印度，
结果遭到阿富汗人的伏击，在开伯尔山口几乎被一网打尽。

左图：1879年在喀布尔对英国人居住区的袭击引发的军事反应，导致埃米尔被迫去职。

俄罗斯的影响力继续在阿富汗扩大，从而导致了第二次英阿战争。当时的统治者、多斯特的儿子谢尔·阿里汗（Sher Ali Kha）在喀布尔迎来了一位俄罗斯将军，但却拒绝英国特使进入。事实证明这是压垮骆驼的最后一根稻草，印度总督利顿勋爵（Lord Lytton）于1878年11月21日下令再次入侵阿富汗。谢尔·阿里汗被迫逃亡并于次年在流亡中殒命。英国军队占领喀布尔后，谢尔的儿子成了阿富汗的统治者。他允许英国人在阿富汗永久驻留，并承诺处理外交事务时听从英国的建议。1879年9月3日，英国特使及其护送人员在喀布尔被杀。英国军队再次进入阿富汗，国王被迫退位，直到1880年谢尔·阿里汗的侄子加冕，英国和俄罗斯确立了阿富汗的新国界。

第三次英阿战争发生在维多利亚女王去世之后，当时阿富汗的统治者阿曼诺拉（Amanullah）宣布从英国独立，于1919年开始了一场胜负难料的战争，就在当年两国签署了和平条约。

爱尔兰大饥荒

爱尔兰在英国议会中的代表寥寥无几，很不受待见。英国的统治限制了爱尔兰农民的庄稼种类，使得种植土豆成为爱尔兰唯一可行的选择。1845年到1849年间，由于寄生菌造成庄稼歉收，许多爱尔兰人在这场19世纪欧洲最严重的饥荒中挨饿。因为饥饿和疾病，约100万爱尔兰人死亡，占爱尔兰全部人口的八分之一。

英国政府继续允许谷物从爱尔兰出口到英国，并允许从美国进口玉米以减轻饥荒。到 1847 年，大约有 300 万爱尔兰人靠免费的救济厨房生存。尽管有一些救济金可供使用，农民却无力支付租金，遭到地主的驱逐，其中许多地主是在爱尔兰的英格兰人。农民被迫离开他们的土地，这些土地合并为更大的农场，集中到更少的人手中。

英国人对此并不都持同情态度，有些人把饥荒归咎于爱尔兰家庭有太多孩子。英国政府在救济上花费了约 800 万英镑，但却继续从爱尔兰进口食品，使得当地民众越发希望能够自治。有些爱尔兰人认为英国人在故意延长饥荒的影响。大约有 200 万爱尔兰人移民去了美国和英格兰。爱尔兰人口从 1844 年的 840 万下降到了 1851 年的 660 万。1921 年爱尔兰获得自治时，人口已经减少了一半。

下图：甚至在土豆饥荒发生之前，许多爱尔兰农民就一直靠自己的小块土地艰难度日。

救济金出自谁手？

爱尔兰饥荒期间，来自英国和世界各地的捐款使得这次事件成为第一次得到国际资助的国家灾难。出手最慷慨的个人捐助者是维多利亚女王，她捐献了 2000 英镑。第一批资金来自印度加尔各答的英国公民，他们筹集了 14000 英镑。美国的印第安乔克托部族捐了 174 美元。其他捐款来自美国总统詹姆斯·K. 波尔克（James K. Polk）、美国众议员亚伯拉罕·林肯、教皇庇护九世、俄罗斯沙皇亚历山大二世等人。还有一些来自穷人，纽约的一家孤儿院捐了 2 美元，伦敦监狱里的囚犯也筹集了少量资金。

小亚细亚

1854 年，一支约 12.5 万人的英法联军和土耳其军队一起占领了黑海上的克里木半岛，以阻止俄罗斯的扩张。英国、法国和俄罗斯一直在较量对土耳其的影响力。天主教的法国和东正教的俄罗斯都想要控制进入伯利恒的宗教场所的途径，而伯利恒当时受土耳其控制，是奥斯曼帝国的一部分。1853 年，上述情况导致伯利恒发生了暴乱，法国僧侣杀死了几个东正教僧侣。俄国沙皇尼古拉斯一世指责土耳其，称土耳其人为"欧洲病夫"。

1853 年 7 月 2 日，俄罗斯入侵摩尔多瓦，11 月 4 日在黑海摧毁了土耳其舰队。1854 年 3 月，英法两国向俄罗斯宣战，和土耳其军队一起，以一支组织不善的 6 万人的军队进攻塞瓦斯托波尔。指挥英军的是拉格兰男爵（Baron Raglan）菲茨罗伊·萨默塞特（FitzRoy Somerset）元帅，他经常称法国盟友为"敌人"，因为他曾在滑铁卢与他们作战。1854 年 9 月 20 日，英法联军首先在阿尔玛赢得了一场重要的战斗，迫使俄军撤退。

10 月 20 日，交战双方在塞瓦斯托波尔会战。因为天气恶劣，英军损失惨重。后来他们袭击了位于巴拉克拉瓦的俄军基地。5 天后，就在巴拉克拉瓦，英军轻骑兵遭到俄军大炮的轰炸，伤亡惨重。11 月 5 日，俄军以激烈的肉搏战的形式对因克曼发动袭击，但英军在法军的帮助下坚守了该地区。1855 年 9 月，俄军撤离塞瓦斯托波尔。第二年春天，战争结束。

《泰晤士报》记者威廉·霍华德·拉塞尔（Will Howard Russel）报道了这场战争。他是第一位著名的战地记者，后来还去美国报道了美国内战。

"提灯女士"

在这场战争的一个艰苦阶段，弗洛伦斯·南丁格尔（Florence Nightingale）带着 38 名护士来到了前线。尽管遭到军医和工作人员的抵制，她还是接管了斯库塔里的战地医院。她称这所战地医院为"地狱王国"，因为当时匮乏的补给和拥挤脏乱的环境让她感到恐惧：士兵睡在肮脏的地板上，老鼠在里面乱窜，饮水也不卫生，而且没有像样的厕所。病人吃发霉的面包和其他不新鲜的食物。许多伤员死于在医院感染的疾病。

南丁格尔每天工作 20 个小时，打扫病房和厨房，甚至还请来了一位法国厨师。她为伤病员敷药，给他们提供干净的衣服和洗浴设施。

晚上，她提着灯在病房之间穿梭，照料奄奄一息的士兵，确保其他伤员感到舒适，并给他们写家信。没过多久，病人们就开始称她为"提灯女士"。

战争结束后，南丁格尔以女英雄的身份回到英国，受到了维多利亚女王和阿尔伯特亲王的接见，她向他们讲述了军队医院需要采取的改革措施。根据她保存的数据和做的分析，英国成立了一个皇家委员会来落实这些措施。军队医院在采

上图：以她出生的意大利城市起名的弗洛伦斯·南丁格尔，在德比郡和汉普郡长大。

轻骑兵的冲锋

少将卡迪根伯爵（Earl Cardigan）带领的轻骑兵由轻龙骑兵、常规轻骑兵和长矛轻骑兵组成。轻骑兵旅和重骑兵旅组成了由少将卢肯伯爵（Earl of Lucan）指挥的骑兵师。1854年10月25日，拉格兰勋爵下达命令，要求轻骑兵迅速前进到前线，阻止俄军撤走其大炮。卡迪根率领673名骑兵沿着山谷发起冲锋。山谷的三个侧面都有俄军炮兵守卫，而且还有俄军步兵和骑兵的支援，结果英军阵亡100多人，还有100多人受伤。幸亏法国骑兵发起冲锋支援他们，否则英军轻骑兵将全军覆没。

当时拉格兰勋爵的命令有些令人困惑，因为俄军在收拾缴获的土耳其大炮，并将其重新安置到山上。卢肯伯爵讨厌卡迪根伯爵，就没有提供适当的支持。拉格兰勋爵指责他犯了军事错误，也有人认为给骑兵送信的路易·诺兰（Louis Nolan）上尉搞错了拉格兰勋爵的命令。

战争过后没几个星期，丁尼生勋爵阿尔弗雷德就在其诗作《轻骑兵的冲锋》（*The Charge of the Light Brigade*）中描述了"死亡之谷"的这一事件。

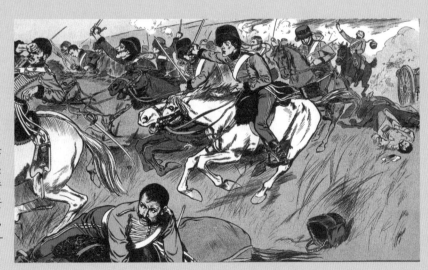

右图：一名幸存者回忆说："大家都紧绷着面孔，牙关紧咬，默不作声，一个劲地冲——冲——冲！"

用她提出的清洁规则后，伤病员的死亡率降了下来。她还出版了《护理工作记录》等，这些书至今仍在使用。1860 年，伦敦的圣托马斯医院创办了南丁格尔护理学校。

先前的战地医院工作经历导致南丁格尔的身体非常虚弱，在人生的最后 40 年里，她经常卧床不起，只好为护士写信和收集信息。因为致力于建立现代护理体系，1907 年，南丁格尔成为第一位获得荣誉勋章的英国女性。她去世于 1910 年。

印度起义

1857 年的印度起义也被称为该国的第一次独立战争。这是一场反对英国统治和西方思想的大规模起义。参加起义的是东印度公司军队中的印度雇佣兵，所以也称为印度雇佣军起义。

第一次事件于 1857 年 3 月 29 日发生在加尔各答附近的阅兵场上，当时一名印度雇佣兵向一名英国军官开枪，击中了他的马。结果他和另一个拒绝逮捕他的雇佣兵一起被处决了。1857 年 4 月，米鲁特的印度兵拒绝接触为他们新配备的恩菲尔德步枪提供的弹夹。当时弹夹的末端必须咬掉，有传言说弹夹是用牛油和猪油做润滑剂的，这是对印度人

英国人在印度

英国人在印度的统治从 1857 年持续到 1947 年。在维多利亚时代，英国人在印度穷奢极欲，过着特权和奢华的生活，这种生活在英国国内是不可能的。对那些幸运的家庭来说，"西化"意味着一个独立的英国社区，不受跟当地人日常社会交往的影响。他们的专属俱乐部禁止非仆人的印度人进入。英国人的其他娱乐项目包括网球、马球、桥牌派对和茶会。尽管如此，英国人的家眷通常会感到厌倦，因为她们缺乏合适的伙伴，而且印度的天气极其炎热。

的侮辱，他们都相信了这种说法。因为不服从军令，这些人被铁链拴着关进了监狱。为了报复，他们的伙伴于5月5日开枪打死了英国上司，并向德里进军，在那里一批印度雇佣军加入了他们的起义队伍。他们还拥护已经退位的莫卧儿王朝皇帝巴哈杜尔·沙二世（Bahadur Shah Ⅱ）复位再次掌权。

起义迅速扩展到印度中部和北部，一些当地人也加入进来。这使得英国人需要多处应对。为了占领德里，两名英国中尉用自杀方式炸毁了克什米尔门。六月在坎普尔，起义者杀死了当地居民，他们用刀和斧头杀死了所有妇女和儿童，扔到井里。英国人对数百名印度雇佣兵进行了严厉的报复，他们用刺刀刺杀，甚至用大炮轰炸。在勒克瑙，亨利·劳伦斯爵士（Sir Henry Lawrence）带领1700名军人，使得这座城市免遭炮击。10月，科林·坎贝尔爵士（Sir Colin Campbell）的军队解救了这座城市，不过其时亨利爵士已经被杀。

下图：印度起义期间，一群大象拉着大炮。当时马和骆驼也被用来运送笨重的军队给养。

印度女皇

　　1876 年 5 月，由首相本杰明·迪斯雷利建议，议会通过决定，授予维多利亚女王印度女皇的头衔，希望把印度与英国更紧密地联系在一起。政界的自由派人士反对这种做法，但维多利亚女王却很开心，自阿尔伯特亲王去世后首次安排议会宣布她的新头衔。1877 年 1 月 1 日，由总督莱顿勋爵领导、伴有 100 响礼炮的官方庆祝活动在德里举行。维多利亚从未到访过这个"王冠上的宝石"（指英属印度），但她却戴过许多印度珠宝，甚至让她的印度仆人阿卜杜勒·卡里姆（Abdul Karim）教她乌尔都语和印地语，她有时会用这两种语言写日记。

下图：出席德里官方庆祝活动的有英国官员、外国大使、印度贵族和 1.5 万名军人。

万国工业博览会

阿尔伯特亲王建议举办一次展览会来展示英国的工业成就。这就是1851年5月1日开幕的万国工业博览会,是有史以来第一场国际性的产品展览。维多利亚女王和阿尔伯特亲王出席了博览会的开幕式,当时在海德公园为展览建造了世界上最大的玻璃结构水晶宫。女王写到,这座气派的建筑、里面的装饰和展品,以及演奏的风琴的乐音,都给她留下了深刻的印象,并补充说,参观者"都很文雅,举止得体,很高兴见到他们"。

该建筑由约瑟夫·帕克斯顿(Joseph Paxton)设计,长563米,宽124米,约有1.4万家展商参加。法国展出的产品最多,展会的亮点是"大英帝国"各个殖民地的特色产品,东印度公司占据了最大的空间。直到10月15日闭幕,超过600万人——每天4万人——参观了展览。到过展会的名流包括查尔斯·达尔文、刘易斯·卡罗尔、查尔斯·狄更斯和夏洛特·勃朗特。

下图:阿尔伯特亲王因这次博览会备受赞誉,其实对他提出这个建议的是英国皇家艺术协会的亨利·科尔(Henry Cole)。

展览结束后,这座建筑被移到了西德纳姆山(现在是伦敦东南部的一部分),1854年由女王重新开放。1936年的一场大火焚毁了这座建筑。

休·罗斯爵士（Sir Hugh Rose）指挥的部队击败了剩余的起义军，1858 年 4 月 3 日至
4 日还曾艰难地围攻占西市。7 月 8 日，印度宣布进入和平状态。英国对印度起义做出的
回应是用直接统治取代东印度公司，重组印度军队，并建立更好的判断和回应印度舆论及
需求的渠道。

新西兰战争

新西兰战争始于 1845 年，结束于 1872 年，起因是毛利部落反抗新西兰政府的英国
和殖民军队以及在英国一边作战的库帕帕部落毛利人。战争造成约 2000 名毛利人、250
名库帕帕人和 250 名政府士兵死亡。新西兰政府从与之交战的毛利人手中没收了大约 100
万公顷的土地，不过后来归还了一些。

1840 年，詹姆斯·霍布森（James Hobson）上尉已经签署了《怀唐伊条约》（Treaty of
Waitangi），因为当时殖民者正在争取开放北岛的内部。
1843 年，毛利人和新西兰公司殖民者之间的一场战争
导致 4 名当地人和 22 名欧洲人死亡。这场胜负未决的

下图：毛利战争结束后，英
国通过没收土地来惩罚那些
与其作战的部落。

北部战争结束于 1846 年，而不稳定的和平状态则一直持续到 19 世纪 50 年代。到 1858 年，新西兰的欧洲人已经超过了土著人，但毛利人仍然占北岛人口的 80% 左右。就在那年，第一位毛利人国王加冕，开始联合各个部落，反对出售他们的土地。最严重的冲突发生在 19 世纪 60 年代，当时不同毛利人部落之间都有冲突。1863 年 7 月入侵怀卡托之前，新西兰总督乔治·格雷（George Grey）给了毛利人一个向维多利亚女王"宣誓效忠"的"机会"。他派出大约 1.2 万名大英帝国的军人，由邓肯·卡梅伦（Duncan Cameron）中将率领，镇压了将近 5000 名毛利族战士，欧洲人由此牢牢控制了新西兰。

与阿散蒂的战争

上图：1902 年的一幅画作回顾了 1874 年英国与阿散蒂王国第三次战争中的阿摩亚富尔战役。

英国与阿散蒂王国（现加纳南部）发生过 4 次战争。第一次发生在 1823～1831 年，是维多利亚时代之前，属于议会反奴隶制运动的一部分，旨在阻止各国出售奴隶。英国人低估了他们的对手，因为他们的奴隶贸易为购买武器提供了资金，所以在几次失败后英国人退出了战争。此后是 30 年的和平时期。

第二次短暂的战争发生在 1863～1864 年，起因是阿散蒂王国控制了沿海省份后遭遇英国军队。他们发生了冲突，双方都有伤亡。军方向伦敦要求增兵，但却遭到了拒绝。不久后，双方都有人患病死亡，于是 1864 年战争在僵局中结束。

第三次战争发生在 1873～1874

年。英国在 1871 年购买了荷兰人占领的黄金海岸，其中包括阿散蒂王国认为属于他们的埃尔米纳。由于担心海路不畅，阿散蒂人入侵埃尔米纳并劫持了欧洲传教士作为人质。1874 年 1 月，加内特·沃尔斯利爵士（Sir Garnet Wolseley）率领 2500 名英国士兵抵达。他们成功地击败了阿散蒂人，杀死了酋长。然后他们进军首都库马西，没收了许多黄金制品，这些黄金制品现在都在大英博物馆展览。7 月，随着《福梅纳条约》（Treaty of Fomena）的签订，这场战争结束了，阿散蒂王国被迫支付 5 万盎司黄金，并放弃埃尔米纳的所有权。

发生在 1895～1896 年的第四次战争持续时间很短暂。由于担心法国和德国图谋阿散蒂王国的黄金，1895 年 12 月，英国以阿散蒂王国未能满足规定的赔偿条件（仅支付了4000 盎司黄金）为借口发动战争。英国军队在对方毫无抵抗的情况下向库马西进发，废黜阿散蒂王国的领导人阿散蒂赫纳（Asantehena），结束了战争。1902 年，英国宣布阿散蒂为其殖民地。

进攻阿比西尼亚

1867 年，阿比西尼亚（现埃塞俄比亚）国王西奥多二世（Theodore Ⅱ）写信给维多利亚女王和英国其他政界人士，要求英国军队帮助其打击敌人，并提供技术人员帮助其国家实现现代化。当遭到漠视后，他把英国领事连同传教士和英国平民都囚禁了起来。1868 年，罗伯特·纳皮尔（Robert Napier）中将率领 1.3 万名士兵组成的远征队准备去报复对方。经过 640 公里的长途跋涉，他们抵达西奥多二世设在马

右图：西奥多的自杀结束了他情绪暴躁的一生。他有一次因为发怒处死了 7000 名战俘。

格达拉的山中关隘，国王带领 9000 人的军队正以逸待劳。

双方于 4 月 10 日开始交火，纳皮尔的军队装备更胜一筹，大败阿比西尼亚军。英军损失了 20 人，阿比西尼亚军队则有 2200 人战死。

战争失败后，西奥多二世释放了英国人质，并送去了一批牲畜表达和平的愿望。纳皮尔以为这是投降，就承诺维护皇室的尊严。结果西奥多二世却说他无意投降，由此引发了英军的轰炸。一条腿受伤的西奥多最后饮弹自尽，用的恰恰是维多利亚女王 1854 年送给他的左轮手枪，枪上还刻有"略表感谢"的字样。

祖鲁之战

英国人希望控制祖鲁，建立一个由英国殖民地和布尔共和国组成的南非联邦。祖鲁国王塞奇瓦约（Cetshwayo）不肯接受英国的统治，他组建了一支 6 万人的军队，大部分人都装备了长矛和盾牌。这一消息传到英国在南非的高级专员巴特尔·弗雷尔爵士（Sir Bartle Frere）那里时，他要求塞奇瓦约在 30 天内解散他的军队。由

左图：1880 年英国取得胜利一年后，法国画家阿方斯·德·纽维尔（Alphonse de Neuville）绘制了油画《捍卫罗克渡口》（The Defense of Rorke's Drift）

路易·拿破仑

　　祖鲁之战开始时，法国皇太子路易·拿破仑正好流亡伦敦。他请求加入远征军，在维多利亚女王和欧仁妮皇后介入说情后，他的请求获得了批准，因为她们认为他不会有危险。皇太子被分派到了切姆斯福德勋爵的参谋部。1879 年 6 月 1 日，在 7 名士兵的陪同下，他外出到乌兰迪附近侦察敌情。结果祖鲁人发起了攻击，由于马鞍带断了，他从马背上摔了下来。一名同伴被杀，其他人都逃走了。路易·拿破仑也想逃跑，但被 7 个祖鲁人追上，用长矛刺杀了，他的身上有 18 处伤口。

左图：1882 年，法国画家保罗·约瑟·雅明（Paul Joseph Jamin）戏剧性地描绘出了路易·拿破仑的死亡场景。

于国王无视这一最后通牒，弗雷尔于 1879 年 1 月派出了由少将切姆斯福德勋爵（Lord Chelmsford）指挥的军队。

　　1 月 22 日，切姆斯福德带领大部队前进，把三分之一的军队驻扎在伊桑德瓦那，但防守不佳。塞奇瓦约命令手下的 2 万人军队"缓慢前进，黎明出去，吃掉英方军队"。他们杀死了约 800 名英国士兵和 500 名非洲民兵，带走了近 1000 支步枪和弹药。当天晚些时候，另一支 4000 人的祖鲁部队试图对罗克渡口的英军兵站发动袭击，但伊桑德瓦那的幸存者已经警告了这支英军部队。在 12 小时的交战中，120 名英国士兵射杀了 500 多名祖鲁战士。

随后，伊夫林·伍德（Evelyn Wood）上校于 3 月 29 日袭击卡姆布拉并取得胜利，杀死了约 3000 名祖鲁人；切姆斯福德的士兵随后在京金德洛武杀死了 1000 多人。他的部队继续向乌兰迪挺进。1879 年 7 月 4 日，他们在乌兰迪使用加特林机枪和火炮杀死了 6000 名发起冲锋的祖鲁人，英方只损失了 10 名士兵。他们还抓获了塞奇瓦约，把他流放到开普敦，后来又流放到伦敦。

布尔战争

1880 ～ 1881 年在南非爆发的第一次布尔战争，见证了特兰斯瓦尔起义的布尔人是如何反抗英国 1877 年的吞并的。战争开始于 1880 年 12 月 16 日，布尔人的军队包围了英国在几个城市的驻军，包括比勒陀利亚、拉斯滕堡（Rustenburg）和马拉巴斯塔德（Marabastad）。英国人最初试图从比勒陀利亚突围并进攻特兰斯瓦尔，但未能成功。12 月 26 日，在少将乔治·波默罗伊·科利爵士（Sir George Pomeroy Colley）的带领下，400 名士兵占领了高耸的马朱巴山，可以俯瞰特兰斯瓦尔的边境。1881 年 2 月 27 日，布尔人攻占了他们的阵地，杀死了包括科利在内的 5 名军官和 87 名士兵，己方只有 1 人阵亡。1881 年 8 月 3 日，随着《比勒陀利亚公约》（Pretoria Convention）的签署，和平到来，但特兰斯瓦尔未能独立。

1884 年 2 月 27 日的伦敦会议最终确定了特兰斯瓦尔的独立。

第二次布尔战争又称为布尔战争、英国与布尔的战争或南非战争，从 1899 年持续到 1901 年。这场战争使得统治着开普敦和纳塔尔殖民地的英国与特兰斯瓦尔及奥兰治自由邦两个殖民地的布尔人一较高下。英国军队人数接近 50 万，布尔人只有 8.8 万。英国的主要利益涉及大英帝国的面子和争夺对特兰斯瓦尔金矿的控制权。

布尔人拒绝给予非布尔人的殖民者公民权，这些人大多是英国人。1899 年 10 月 11 日，他们警告英国人停止扩充军事力量。随着紧张局势的加剧，布尔人对开普敦和纳塔尔的英国殖民地发起攻击，击败了他们的军队，在 12 月 10 日至 15 日那个"黑暗的一星期"占领了几个主要城镇。1900 年 2 月，英国增援部队击败了布尔人，到 6 月时，莱迪史密斯、金伯利、约翰内斯堡和比勒陀利亚都解了围。英国随后吞并了特兰斯瓦尔和奥兰治自由邦。

10 月的时候，战争似乎已经结束，但布尔人却开始了游击战争，他们突袭小股英军，窃取军用物资，破坏通信设施。1901 年 2 月，英军总司令基钦纳（Kitchener）将军提议双方停战以谋求和平。条件包括布尔共和国成为具有最终自治权的直辖殖民地、实行大赦、支付赔偿金、赋予"有色人种"法定权利，以及未来"确保白人公正统治的"投票。1902 年 5 月，双方在弗里尼欣（Vereeniging）签订和平条约，赔偿金确定为 300 万英镑。

这场战争是欧洲第一场使用机枪和烈性炸药这种 20 世纪现代武器的战争，也是第一场将平民关入"集中营"的战争。

下图：1900 年，在被英军逼退前，布尔士兵们在南非的莱迪史密斯挖掘战壕防守。

集中营

在布尔游击队袭击的过程中，英国人建立集中营限制了大约六分之一的布尔人。当时的想法是家庭团圆的希望将会使他们投降。英国人把大约 3000 个农场的平民，尤其是妇女和儿童，集中在一起居住。因为军方的"焦土"政策已经把农场、住宅和庄稼烧毁，牲畜也都被杀死。

1901 ~ 1902 年，大约 11.5 万布尔平民被关在集中营中，近 3 万人死于疾病和饥饿，其中约 2.2 万人是儿童。黑人也被限制在集中营中，其中约有 2 万人在做金矿的矿工期间死亡。这些悲剧是由于供给不足、管理不善和对那些被关押者漠不关心造成的。

上图：作为自由党成员，艾米丽·霍布豪斯公开谴责英国政府在南非的活动。

1900 年，艾米丽·霍布豪斯（Emily Hobhouse）成立了南非妇女儿童救助基金会，并从英国前往伊丽莎白港、约翰内斯堡、布隆方丹等地考察集中营的情况。她记录说，每天有 50 个孩子在拥挤而又肮脏的营地里死去。她的报告指出，集中营没有肥皂，供水也不足，也没有床和床垫，缺少燃料和食物，里面的人还患有各种疾病，比如麻疹、支气管炎、肺炎、痢疾和伤寒。她的批评和改革运动导致英国民众降低了对战争的支持力度。

侵占埃及

1876 年，欧洲列强控制的埃及债务管理委员会安排英法两国共同控制埃及的财政、海关、港口、铁路和邮局。这是因为执政的赫迪夫伊斯梅尔·帕

下页图：1882 年，为了争夺对苏伊士运河的控制权，英国的皇家骑炮兵正在运送他们的火炮。

苏伊士运河

连接地中海和红海的苏伊士运河是由苏伊士运河公司于1859年开始修建的。苏伊士运河公司是一家法国公司。在欧洲人开始利用大型机械前，公司最初强迫农民劳动，用镐挖掘运河。1869年11月17日，164公里长的苏伊士运河正式开通。英国起初是反对开挖运河的，认为这是一个阴谋，想要超越其航运业的主导地位，但在1875年还是花费40万英镑购买了运河44%的股份。英国是唯一拒绝签署1888年允许各国船只通行的《君士坦丁堡公约》的海上强国（最后于1904年签署）。

上图：苏伊士运河有8个主要弯道，还利用了沿途的几个湖泊。

夏（Khedive Ismail Pasha）欠下了将近1亿英镑的债务。给予这两个殖民大国的权力激怒了埃及人，因为他们仍属于奥斯曼帝国。新的统治者赫迪夫·塔菲克（Khedive Tawfiq）接管了埃及。1881年，埃及成立了祖国党，提出"埃及是埃及人的埃及"，军队由艾哈迈德·乌拉比·帕夏·米斯里（Ahmad Urabi Pasha Al-misri）领导。

1882年5月19日和20日，一支英法联合舰队在亚历山大港附近抛锚，准备控制苏伊士运河。6月11日，亚历山大城爆发了暴乱，数百人丧生，包括50名外国人。当埃及人拒绝撤走为保卫这座城市而带来的大炮时，法军没有参战，但英军轰炸了亚历山大港，所有（15艘）皇家海军舰艇都参与了战斗。两天后，英国军队进驻了这座部分被毁的城市，塔菲克向他们寻求保护，而乌拉比掌控了这个国家。

7月和9月，在40艘军舰占领苏伊士运河的同时，又有3.1万名士兵在中将加内特·沃尔斯利爵士的带领下抵达开罗。期间发生了一些小规模的遭遇战。9月13日，包括风笛手成员在内的高地旅带领的英国军队在泰勒凯比尔赢得了一场激烈的战斗，这场战斗持续了一个多小时。随后他们进军开罗，在那里俘虏了乌拉比，将其流放到斯里兰卡，塔菲克则得以复位。

英国军队在埃及一直驻扎到1942年。

大英帝国节

1897年迎来了维多利亚女王的钻石纪念日，庆祝她登基60周年。在殖民大臣约瑟夫·张伯伦（Joseph Chamberlain）的建议下，主题定为"大英帝国节"。大英帝国已臻顶峰，治下有4.5亿人口，遍布七大洲，而且还在增长。自1870年以来，又增加了肯尼亚、罗得西亚、乌干达、塞浦路斯、桑给巴尔、斐济、新赫布里底群岛、索马里兰和贝专纳。

举行庆祝活动的6月22日是个星期二，那天整个英国和世界许多地方都在大肆庆祝。各国国王和来自各殖民地的代表都被邀请到伦敦参加庆祝活动。那天早上，维多利亚女王给大英帝国的每个属国都发了一封电报，明确表示："发自内心地感谢亲爱的国民。愿上帝保佑他们。"作为回报，她收到了1310封表达祝贺的电报。1896年秋天，她已经成为英国历史上统治时间最长的君主。

78岁的女王仍然穿着肃穆的黑色衣服。盛大的游行队伍中，为首的是各个殖民地的军队，包括印度的枪骑兵、加拿大的骑兵团和澳大利亚的骑兵队。士兵中也有年轻时当过骑兵冲锋的幸存者。在从白金汉宫到圣保罗大教堂的途中，游行队伍要从大批热情的观众中间穿过，在这个过程中，因为身患风湿病，女王一直坐在敞篷马车里。她后来写道："我相信，从来没有人见过这样的欢呼声，穿过那六英里的街道……人群简直难

欧洲列强

大英帝国在全球攻城略地之际，其他欧洲列强也各自在抢夺殖民地。法国、德国和奥匈帝国都建立了自己的帝国。

拿破仑战争之后法国的海外殖民地都已被剥夺，19世纪初期，法国开始图谋东山再起。1830年，法国占领阿尔及尔，后来又在突尼斯和摩洛哥建立了保护国，从而控制了西地中海的两岸。为了在亚洲能有立足之地，法国向越南派出了战船，目的是所谓的保护其传教士。1858年，一支法国舰队轰炸了沱㶞（如今的岘港），杀死了约1万人，一年后又占领了西贡（现在的胡志明市）。包括柬埔寨在内的法属印度支那成立于1887年，1893年又控制了老挝。

德国在1871年实现统一后才进入这场帝国的竞赛。随着统一的到来，也就有了殖民扩张的欲望。19世纪80年代早期，由于多数土地已经被欧洲其他列强所控制，德国就把目光投向了非洲，先后建立了德属多哥兰（现在是多哥和加纳的一部分）、喀麦隆、德属东非（现在的卢旺达、布隆迪和坦桑尼亚）和德属西南非（现在的纳米比亚）。与其他欧洲列强不同，德国主要是向殖民地派遣殖民者。

奥匈帝国则是通过1867年的妥协把奥地利和匈牙利联合了起来。1866年，奥地利在延续7周的奥地利—普鲁士战争中失败，结果被德意志邦联驱逐。奥地利于是寻求与匈牙利结盟，因为匈牙利是享有自治权的。奥地利皇帝弗朗茨·约瑟夫（Franz Joseph）和未来的君主将作为奥地利和匈牙利的共同君主实施统治。哈布斯堡王朝被分成了两个部分：内莱塔尼亚——包括奥地利、波希米亚、莫拉维亚、斯洛文尼亚、奥地利波兰和西莱西亚；外莱塔尼亚——包括匈牙利、克罗地亚和特兰西瓦尼亚。

以形容，他们的热情真的令人惊奇，深深打动了我。欢
呼声震耳欲聋，每一张脸都充满喜悦。我非常感动和
欣慰。"

到了晚上，建筑物的轮廓被灯光勾勒出来，烟花在
空中绽放，全国各地的灯塔都被点燃。一连三天，大多
数英国城镇都在举行街头派对和音乐会，伦敦为贫困居
民提供了 40 万份膳食，曼彻斯特为他们的贫民提供了 10
万份膳食。

上图：1897 年为钻石纪念日
发行的一枚纪念币的反面。

第 **2** 章

科学技术

维多利亚时代的人们相信他们已经创造了现代世界。正当工业革命开始大规模生产和销售最新的消费品之际，科学发现与发明创造也取得了爆炸式增长。维多利亚女王极为自豪地表示，在 1851 年的伦敦万国博览会上，可以找到"任何一项想象得到的发明"。

最明显的变化是在交通运输行业，维多利亚时代的人最早体验了铁路、地铁、汽车甚至自行车。同样令人惊讶的是，随着电力、无线电波、电报和电话的出现，通信技术也取得了进步。以往只有现场舞台表演才能欣赏的娱乐活动，现在可以用留声机来录制，甚至可以用能播放动作画面的电影来录制。比这些更重要的是现代医学的到来。随着细菌的发现，外科手术中很快就将抗菌剂派上了用场，消毒和巴氏灭菌方法也开始实际应用。

汽船

为了加快密西西比河的运输速度，美国人率先开发了汽船。罗伯特·富尔顿（Robert Fulton）最初取得成功用的是一台单缸蒸汽机，燃烧橡木和松木为船体两侧的叶轮提供动力。1807 年，他在哈得孙河上进行了试运行，240 公里的航程，从纽约市到纽约州的奥尔巴尼。他在 32 小时内完成了这段距离，而帆船则需要走 4 天。就在同一年，富尔顿用"克莱蒙特"号在哈得孙河上开始了汽船的第一次商业之旅。

　　1811 年，富尔顿设计了"新奥尔良"号汽船，在宾夕法尼亚州的匹兹堡完成制造，他和合伙人罗伯特·利文斯顿（Robert Livingston）把船带到了新奥尔良市。然而，这艘汽船返程行驶到密西西比州纳奇兹附近后，再也无法逆流而上。富尔顿在新奥尔良建造的另外 3 艘汽船也遭遇了同样的命运。

　　在 1812 年美英战争期间，富尔顿设计了第一艘蒸汽战舰，以保护纽约免受英国舰队的攻击。配备了重炮和装甲的"富尔顿"号战舰于 1814 年下水。不过这艘战舰从未投入战斗，因为几个月后就停战了。

　　1816 年，亨利·米勒·什里夫（Henry Miller Shreve）打破了富尔顿对密西西比河的垄断，他的"华盛顿"号汽船行驶在新奥尔良和肯塔基州的路易斯维尔之间。什里夫重新设计了他的蒸汽船以适应浅水区，并利用高压蒸汽机逆流而上。他还为船增加了一个上层甲板，这成为后来密西西比河上行驶的所有汽船的标准配置。1837 年，什里夫建立了路易斯安那州的史里夫波特镇。

下图：富尔顿的"克莱蒙特"号是由查尔斯·布朗（Charles Brown）在纽约建造的，全名是"克莱蒙特的诺斯河蒸汽船"。

罗伯特·富尔顿

　　罗伯特·富尔顿是宾夕法尼亚州一位爱尔兰移民的儿子，就读于贵格会学校，曾在费城一家珠宝店当学徒。在成功设计汽船之前，富尔顿有过许多伟大的想法，不过无一成功。

　　1787年，富尔顿开始学习绘画并搬到了伦敦，可是在那里他的艺术才能无人欣赏。后来他对运河工程产生了兴趣，但他的运河设计均不被接受。1797年，富尔顿搬到巴黎，打算推销他的"诺蒂尔斯"号（Nautilus）潜艇理念。遭到法国政府拒绝后，富尔顿决定自己出资建设。法国政府批准对英国船只展开攻击，但事实证明，"诺蒂尔斯"号的行驶速度太慢了。1804年回到伦敦后，英国政府很欣赏他的潜水艇，但他对法国船只的两次袭击都失败了。两年后在纽约，他得到了美国政府的支持，可惜试运行又是一场灾难。

　　富尔顿令人沮丧的各国之旅最终使他走上了成名之路。1801年，他在巴黎认识了罗伯特·利文斯顿，此人在纽约州拥有汽船垄断权。两人在巴黎建造了一艘蒸汽船，但却不怎么成功，他们又收集了一些发动机部件，最终用到了1807年在美国试验成功的那台发动机上。

上图："克莱蒙特"号试航成功5年后，富尔顿已经在6条河流和切萨皮克湾经营着汽船运输业务。

铁路

　　火车为维多利亚时代的人们开辟了长途大规模运输的可能性，创造了关于郊区的

伊桑巴德·金德姆·布鲁内尔

1806年，伊桑巴德·金德姆·布鲁内尔（Isambard Kingdom Brunel）出生于朴茨茅斯，父亲是法国的一名工程师，他14岁时就读于巴黎的学校。1831年，他设计了当时世界上跨径最长的克里夫顿悬索桥，这座桥至今仍然是布里斯托尔的象征。后来他和父亲马克一起设计了1843年开通的泰晤士河隧道。

布鲁内尔最大的成就是在1833年担任英国大西部铁路的总工程师。他选择使用宽轨，从而使得火车的行驶更加平稳、快速。在伦敦与布里斯托尔之间的漫长铁路上，他引入了创新性的工程技术，比如桥梁、隧道和高架桥，来取得稳定的行驶效果。他那出神入化的设计才能后来还用到了码头的设计上，比如布里斯托尔、加的夫和米尔福德港的码头，再就是当时世界上最令人印象深刻的三艘船只的设计上。布鲁内尔设计的"大西部"号（Great Western）轮船于1837年下水，是当时最大的轮船，也是第一艘提供跨大西洋服务的轮船，行程从布里斯托尔到纽约。1843年下水的"大不列颠"号是世界上第一艘由螺旋桨和蒸汽驱动的铁壳客轮，是现代船舶的原型。布鲁内尔还参与设计了又一艘世界最大的船"大东方"号（Great Eastern），绰号"利维坦"号。这艘船于布鲁内尔去世的1859年下水。

除运送棉花、糖和其他货物外，汽船也演变成了豪华游船，乘客可以在装饰华丽的房间里进行娱乐、赌博等活动。为了取悦乘客，存在竞争的汽船船长经常会展开速度方面的比赛。汽船的黄金时代结束于19世纪70年代，当时铁路发展到遍布英国各地，为不与河流相连的城镇提供了快速运输的手段。

左图：布鲁内尔的克里夫顿悬索桥遇上了财政困难。建造30年后到他去世时桥还未修建完成。

新理念。1804 年，世界上第一次成功的蒸汽机车轨道运行发生在南威尔士的一家钢铁厂。这台蒸汽机车是由英国机械工程师理查德·特雷维希克（Richard Trevithick）设计建造的。

1827 年，世界上首次常规客运服务开始于美国的巴尔的摩与俄亥俄铁路公司。英国的铁路旅行始于 1830 年从坎特伯雷到惠特斯泰布尔之间 10 公里的路程。就在那一年，利物浦和曼彻斯特之间开始运营一条主要的铁路线，不过开幕式上有一名议员被撞死，这也是历史上的第一起铁路交通事故。

截至 1847 年，英国已有 576 家铁路公司，新修建的铁路里程超过 1.4 万公里。英国铁路运输的增长受到轨距不一的阻碍。1844 年，铁路行业引入了标准轨距，这样一来，整个国家的铁路系统就有了可以互通的轨道。始终没有更换的一种轨道就是杰出工程师伊桑巴德·金德姆·布鲁内尔 1833 年选择的那种宽轨，当时是用在连接伦敦和布里斯托尔的西部大铁路上。

当时存在一个不那么重要但却令人恼火的问题：不同的车站之间缺乏统一的时间标准。即使距离不远，当地实际应用的时间也有差距。比如从伦敦到牛津的乘客就必须把手表拨慢 5 分钟。

下图：在火车历史性的首次行程中，理查德·特雷维希克的火车头拉着 5 车厢 10 吨铁走了 9 英里。

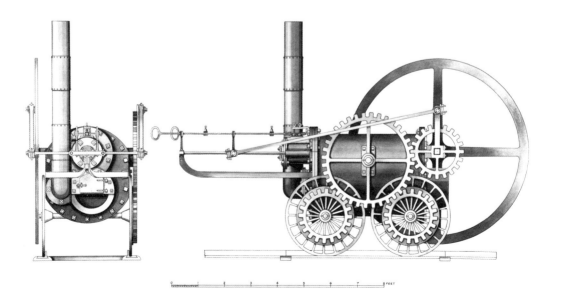

1840 年，西部大铁路公司首次在各个车站之间采用格林尼治标准时间，从而结束了这种混乱局面。到 1855 年，几乎所有的其他车站都调整为"铁路时间"。

其他国家在铁路旅行方面也紧随其后。加拿大的第一条线路于 1836 年开通，连接圣劳伦斯和尚普兰湖。为免公众感到害怕，这条铁路此前曾在夜间试运行多次。印度第一辆客运列车于 1853 年在孟买和塔那之间投入使用。澳大利亚的铁路服务始于 1854 年，连接的是墨尔本和墨尔本港。中国的第一列火车是英国人建造的，于 1876 年在上海和吴淞之间投入运营。

汽车

自驱动汽车的概念可以追溯到 15 世纪的达·芬奇。18 世纪时，发明家尝试了各种燃料，包括空气、蒸汽和煤气。19 世纪初，蒸汽巴士开始出现在巴黎的街道上。19 世纪 30 年代，蒸汽动力汽车开始在英国试用。这种车噪音大、烟雾多，而且很危险。美国 1896 年推出的斯坦利蒸汽动力汽车取得了成功。美国的第一辆电动汽车是由威廉·莫里森（William Morrison）于 1890 年制造的，尽管当时还没有办法给电池充电。

1858 年，比利时工程师让·勒诺尔（Jean Lenoir）制造出第一台商用内燃机。19 世纪 60 年代，法国和奥地利进行了汽油动力汽车的试验，但在这方面发挥重要作用的却是两位德国人。1885 年，卡尔·本兹（Karl Benz）生产了他的第一辆三轮汽车，10 年后，他已经销售了 1132 辆四轮维多利亚和维洛车型。1886 年，戈特利布·戴姆勒

上图：查尔斯·杜里耶坐在他的汽油动力车里拍照。关于谁是这款车的研发者，他和弟弟弗兰克有争议。

（Gottlieb Daimler）设计的汽车问世，这款车的发动机在后面，有四个档位，能够四轮驱动。上述两人成立的公司于1926年合并为戴姆勒—奔驰公司，并开始销售著名的梅赛德斯—奔驰品牌汽车。

1891年，伦敦工程师弗雷德里克·西姆斯（Frederick Simms）获得戴姆勒发动机的使用权后，英国开始正式进入汽车生产行业。弗雷德里克把使用权卖给了H. J. 劳森（H. J. Lawson），后者于1896年成立了戴姆勒汽车公司，开始在考文垂制造汽车。

美国第一辆成功的汽油车是由查尔斯·杜里耶（Charles Duryea）和弗兰克·杜里耶（Frank Duryea）兄弟于1893年在马萨诸塞州斯普林菲尔德制造的。到1898年，美国已经有100多家汽车生产公司。奥兹莫比尔汽车是1899年由兰索姆·伊莱·奥兹（Ransom Eli Olds）设计制造的，1904年这款车成为第一辆商业上成功的美国制造汽车。4年之后，亨利·福特（Henry Ford）开始批量生产他的第一辆T型车，这款车既结实又便宜，后来成了全国最受欢迎的车型。

摄影

在照相机发明前几个世纪，用来捕捉影像的是暗箱。暗箱是个黑暗的房间，或者是一个一面有小孔的密封箱，箱外景物透过小孔，在完全黑暗的箱内壁上形成颠倒且两边相反的影像。16世纪后期，又增加了一个镜头，不过目标仍然是在纸上记录真实的图像。

1826年，法国业余发明家约瑟夫·尼埃普斯（Joseph Niépce）拍摄了第一张照片。他在暗箱上安装了一块白蜡板，从窗户上用他的日光照相技术拍摄他的乡村庭院的照片，曝光时间为8小时。同样在那一年，他用3个小时的时间复制了一幅红衣主教德安博斯的肖像画，并在白蜡板上蚀刻，以便可以加印照片。

1837年，尼埃普斯的合伙人路易斯·雅克·曼德·达盖尔（Louis-Jacques-Mandé Daguerre）发明了银版摄影术，首先解决了光学映像的记录问题，从而改进了这一工艺。这项发明在全世界引发了轰动。达盖尔可以复制照片，得益于1834年威廉·亨利·福克

上图：现存最早的照片是1838年达盖尔在巴黎拍摄的早春清晨照。

斯·塔尔博特（William Henry Fox-Talbot）发明了感光纸上负正法的处理工艺。1840年，他发现化学处理可以冲洗照片，防止图像褪色。到1850年，纽约市已经有77家照相馆，其中最著名的是马修·B. 布雷迪（Mathew B. Brady）的照相馆。布雷迪后来因拍摄美国内战照片而闻名。

1861年，苏格兰物理学家詹姆斯·克拉克·麦克斯韦（James Clerk Maxwell）借助不同颜色的滤镜拍摄了第一张彩色照片。实际上，照片是英国发明家托马斯·萨顿（Thomas Sutton）拍摄的。19世纪50年代后期，他发明了单反平板照相机。1859年，萨顿发明了带广角镜头的全景照相机。

马修·B. 布雷迪

马修·B.布雷迪出生于纽约州，后来搬到纽约市去制作珠宝盒，但对新兴的达盖尔摄影术很感兴趣。1844 年，他在纽约开设了一家摄影工作室，1849 年又在华盛顿开设了一家工作室。1855 年，他转向湿版摄影法，在华盛顿宾夕法尼亚大道创办了国家摄影艺术馆。这一场馆吸引了众多富人和名人，亚伯拉罕·林肯总统曾不止一次到访。与此同时，布雷迪和助手亚历山大·加德纳（Alexander Gardner）制作了一种小巧且便宜的印刷品，称为"肖像名片"，卖给普通家庭，特别是有儿子参加美国内战的家庭。

南北战争开始后，联邦军允许布雷迪跟踪拍摄其军事行动。当时他的工作环境很危险，他把摄影器材和冲洗用品放在一辆有盖的货车里。这辆货车可以遮光，方便他冲洗胶片。士兵都有些困惑不解，给货车起了个绰号叫"这是什么"。因为布雷迪视力不好，大部分照片都是助手加德纳和蒂莫西·奥沙利文（Timothy O'Sullivan）拍摄的。他们冲洗了 3500 多张照片，展示了营地生活以及散落在地上的尸体。1862 年 9 月，在南北战争期间，布雷迪以"安提塔姆战场上的死者"为题，在纽约的工作室展出了这些照片。这是第一次用照片记录战争的真实情况，不管是死者还是伤者，都令公众感到震惊，有些人甚至敦促停止战争。和平回归后，布雷迪于 1873 年申请破产。他以 2.5 万美元的价格把全部战时摄影都卖给了美国政府，现在这些照片已成为国会图书馆中非常珍贵的藏品。

上图：布雷迪在里士满家中的后廊拍摄的邦联将军罗伯特·E.李的照片。

自行车

下图：德莱斯式自行车是由卡尔·冯·德拉斯·德·索尔伯伦男爵于1816年发明的。

第一辆两轮自行车是由德国的卡尔·冯·德拉斯·德·索尔伯伦男爵（Baron Karl von Drais de Sauerbrun）制造的。他于1817年在曼海姆骑了14公里，第二年在巴黎数千名观众面前展出了这辆自行车。他给这辆最初的自行车起名为"德莱斯式自行车"，并称之为"跑动机"（laufmaschine）。它有一个木制框架和一个三角形的转向柱，有一根控制方向的小杆。前轮围着枢轴旋转，骑车的人有一个扶手和一个软垫座位。糟糕的是，骑车的人必须在地上蹬着脚向前走，时速最高可达9.6公里。

第二年，英国的制车工匠商丹尼斯·约翰逊（Denis Johnson）为一种类似的车申请了专利，不过他用金属代替了木头。它被称为"德莱斯的马"或"老式自行车"，时速可达16公里。法国的欧内斯特·米修（Ernest Michaux）和皮埃尔·米修（Pierre Michaux）兄弟通过在前部增加曲柄和踏板改进了这种自行车。它被称为"脚蹬车"，木轮上有铁边，这使得车走在鹅卵石街道上会摇晃，因此有了"晃晃车"的绰号。

直到1839年，苏格兰一位铁匠的儿子柯克帕特里克·麦克米伦（Kirkpatrick Macmillan）才发明了今天这种外观的自行车，他添加了踏板，踏板的转动被传递到后轮的曲柄上，从而加快了速度。帕特里克从未申请过这种设计的专利，所以许多人都复制了这种做法，最著名的是1846年另一位苏格兰人加文·达尔泽尔（Gavin Dalzell）的做法。有接近50年的时间，达尔

下页图：1890年，美国自行车联盟举办了一场自行车比赛。美国自行车联盟就是今天的美国骑车者联盟（League of American Bicyclists）。

摩托车

　　1867 年至 1884 年生产了三辆蒸汽动力自行车，但配有内燃汽油发动机的第一辆真正的摩托车，是由戈特利布·戴姆勒（Gottlieb Daimler）及其雇员威廉·迈巴赫（Wilhelm Maybach）于 1885 年在德国斯图加特制造的。

　　他们的木制"骑车"（Reitwagen）有一个皮带传动装置和一个称作"老爷钟"的垂直固定汽缸。它是由一根铂管引燃到被明火加热的燃烧室的。此外，还增加了两个支腿轮以保持其直立。

　　戴姆勒 17 岁的儿子保罗第一次骑这辆"骑车"走了 12 公里，虽然座椅被点火器的加热管点燃了，不过还是成功了。

下图：戴姆勒的"骑车"也被称为"单轨"（Einspur），因此他被称为"摩托车之父"。

泽尔一直被错误地认为是自行车的发明者。

　　高轮脚踏车出现在 19 世纪 70 年代，由巴黎的尤金·梅耶（Eugene Meyer）发明，后来英国考文垂的詹姆斯·斯塔利（James Starley）做了大幅度改进。这个名字来源于自行车巨大的前轮和微型的后轮在尺寸上的差异。这种自行车引人注目的设计使得它骑起来很有挑战性，不过到最后，铁轮还是被硬橡胶轮取代。轻量级的金属辐条有助于提升自行车的速度，从而产生了自行车赛车运动。1885 年，詹姆斯·斯塔利的侄子约翰·肯普·斯塔利（John Kemp Starley）设计了罗孚安全自行车。这种车更容易使用，危险性更低，速度更快。1888 年，苏格兰人约翰·博伊德·邓洛普（John Boyd Dunlop）发明了充气橡胶轮胎，从而使得自行车骑起来更加舒适。

电报

　　在 19 世纪前，人们一直认为电力和磁力是两种不相关联的力。到了 19 世纪，人们才发现电力和磁力都只是电磁力这种现象的一个方面。美国和欧洲于是开始致力于研发电报机。美国发明家塞缪尔·摩尔斯（Samuel Morse）于 1832 年提交了发明专利。1833年，德国科学家卡尔·弗里德里希·高斯（Carl Friedrich Gauss）和威廉·韦伯（Wilhelm Weber）发明了第一台商用电报机，用于相互通信，但他们未能获得资金支持，设备也就未能投入使用。1837 年，英国发明家威廉·库克（William Cooke）和查尔斯·惠斯通（Charles Wheatstone）用 21 公里长的电报线将西部大铁路上的两座火车站连接了起来。

　　到 1838 年，摩尔斯已经发明了自己的单线电报线路，并与朋友阿尔弗雷德·维尔（Alfred Vail）一起创造了后来所谓的摩尔斯电码。摩尔斯试图在欧洲建立一条电报线路，但没有成功，不过他在 1843 年获得了美国国会的批准和资助，在华盛顿特区和马里兰州巴尔的摩之间设立了电报线路。线路长度为 60 公里，沿着一条铁路线运行，电线用玻璃绝缘体连接在电线杆上。1844 年电报线路竣工。5 月 24 日，摩尔斯发出了第一份电报："上帝创造了何等奇迹！"

下页图：美国内战期间，双方军队必须在战场之间迅速架设线杆，布置电报线路。

小道消息

除布置整齐的电报线路外，还有一些电报线路的设置非常随意，有的挂在树上，有的乱糟糟地扔在地上，这些线路被称为小道电报线（grapevine）。

这个词最早是 19 世纪 50 年代在奴隶和自由黑人中使用的，这些奴隶和自由黑人听到了别人传播的电报上关于废除运动和战争计划的消息。有些消息听起来有点可疑，于是就有了"我从小道消息听到的"这种说法，表明这是一种非正式的新闻渠道。到最后，这个词被用来指流言蜚语。

美国内战期间军队在战场上都使用电报，电线必须迅速铺设，但经常被敌人窃听或切断。战争期间共铺设了大约 24150 公里的军用电报线，军方利用特殊的马车发送和接收电报。士兵们也把这种消息称为"小道消息"，并用这个词来描述非正式的消息。

摩尔斯在 1854 年获得了美国最高法院的裁决，授予他专利权，尽管其他一些发明家认为这个想法是他们先想到的。第一条跨大西洋的电报电缆于 1858 年铺设。3 年后，美国内战开始了，交战双方特别是联邦一方，都依靠电报通讯来指挥自己的军队。

机枪

现代机枪的原型是由理查德·乔丹·加特林（Richard Jordan Gatling）于 1862 年在美国内战期间发明的。他设计的加特林机枪是一种由曲柄操纵的多管机枪。战争爆发前，他发明了破麻机和蒸汽引犁，不过内战的爆发让他开始设计一种持续快速射击的枪械。他意识到这是可以实现的，因为军方当时刚刚从纸壳枪弹转变为新的黄铜弹壳枪弹。纸壳枪弹每颗子弹都有分离的撞击火帽，而黄铜弹壳枪弹有独立的撞击火帽。1861 年，加特林定居在印第安纳州的印第安纳波利斯，开始在加特林枪械公司制造枪支。

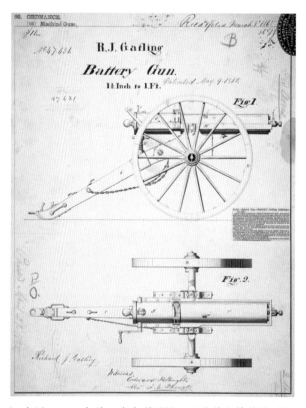

上图：1865年的一张专利图纸，画的是加特林的"电池枪"，这种有6根枪管的机关枪被美国军方采用。

加特林机枪由10根枪管围绕着一根中心轴。装弹是从枪支上方的弹药箱筒装入，手摇曲柄旋转半圈开火，继续旋转则继续发射子弹。0.577英寸口径的加特林机枪每分钟可发射350发子弹，有效射程1829米。

加特林给邦联的军官展示过几次机枪的情况。这些用轮子移动的机枪每挺售价1000美元，在南北战争接近结束时，北方军队进攻弗吉尼亚州彼得堡的战役中，曾经用过12挺这种机枪。后来军方要求加特林设计一种既可以用于远程交战也可用于近距离交战的机枪。他的机枪还没设计完，战争就结束了，不过美国军方在随后一年开始采购他设计的机枪，用来对付印第安人。

1884年，美国发明家希勒姆·马克西姆（Hiram Maxim）在伦敦生活期间，设计出了第一挺全自动单管机枪。他于1900年成为英国公民，次年被维多利亚女王授予爵士爵位。他设计的枪由维克斯枪械公司制造，在第一次世界大战中广泛使用。

1900年，82岁的加特林发明了一种电动机关枪，每分钟能发射3000发子弹，还发明了一种气体驱动的机枪。

白炽灯

碳弧灯率先实现了利用电来照明，它由英国物理学家和化学家迈克尔·法拉第

（Michael Faraday）于 1858 年发明。他用蒸汽驱动的发电机为多佛的南福兰灯塔点燃碳弧灯，从而使这里成为第一座使用电灯的灯塔。不过这种灯很少使用，因为太亮，而且会耗费太多的电力。

发明家们意识到白炽灯要优越得多。1841 年，弗雷德里克·德·莫林斯（Frederick de Moleyns）获得了这种灯的第一个专利，但是灯泡会变黑，而且这种灯缺少合适的真空管来防止这种情况的发生。1865 年，出现了一种带有水银泵的灯泡。1878 年，英国物理学家约瑟夫·威尔逊·斯旺（Joseph Wilson Swan）研制出了第一个可靠的碳纤维灯泡。他在真空玻璃管中加入铂丝，制成了一个灯泡。与此同时，托马斯·爱迪生也发明了他的灯泡。最后在商业上取胜的是爱迪生，因为他能够创造一个完整的真空状态，而斯旺只能做到部分真空。1881 年，斯旺发明了一种纤维素长丝，而爱迪生则使用电镀竹丝。

经历了一场法律纠纷之后，这两位发明家于 1883 年成立了一家合资公司。爱迪生于 1890 年成立了爱迪生通用电气公司，1892 年与主要竞争对手汤姆森—休斯顿公司合并，合并后的公司也就是今天仍然存在的美国通用电气公司。

1878 年，巴黎成为第一座使用电弧灯作为路灯的城市。1879 年，英国泰恩河畔的纽卡斯尔紧随其后。1879 年，美国俄亥俄州的克利夫兰市在一处广场使用了爱迪生的白炽灯泡，成为美国第一座使用电灯的城市。1880 年，印第安纳州的沃巴什市成为第一座利用电灯作为路灯的城市。1880 年，伦敦也在布里克斯顿安装了这种类型的路灯。

消毒剂

19 世纪时医生做手术都是在有细菌的房间里进行，非常不卫生。外科医生做手术时不洗手，而且穿着脏兮兮的围裙，只是在手术结束后才清洗医疗器械，因此病人的感染死亡率很高。

英国外科医生约瑟夫·李斯特（Joseph Lister）在自己的工作中结合了法国化学家路易

伦敦地铁

　　1863 年 1 月 9 日，大都会铁路公司在伦敦开通了世界上首列地铁线路，运行在主教路（现在的帕丁顿）和伦敦市之间。单程的票价分三种：3 便士、4 便士和 6 便士。第一天就有 4 万名乘客。他们把车厢称为"软垫牢房"，几个月后就开始出现事故。当时，蒸汽机车牵引着车厢，车站里面到处是黑烟。

　　1868 年，在威斯敏斯特和南肯辛顿之间开通了另一条线路（这次是地区线）。1869

斯·巴斯德（Louis Pasteur）的研究成果。巴斯德证明了肉眼看不见的细菌是感染和疾病的主要原因。李斯特的做法，是在外科手术的创口和医用器械上喷洒杀菌的石炭酸来打破这种联系。1867 年他报告说自己的病房的死亡率降下来了。

　　李斯特给维多利亚女王做的一次手术令人印象深刻。当时女王腋下长了一个大脓疮，于是向住在她苏格兰住所附近的李斯特寻求帮助。手术之前，李斯特带来了他发明的"小汽机"，让助手用石炭酸把所有的手术区域进行杀菌。不巧的是，有些杀菌剂落到了女王年，最早的蒸汽地铁开始穿过由伊桑巴德·金德姆·布鲁内尔和他父亲修建的泰晤士隧道。1884年，经过21年的建设，内环线（现在的环线）开通，跟大都市线和地区线相连，每天运行800多趟列车。《泰晤士报》称地铁旅行是"一种温和的折磨"。

1890年，伦敦城和南伦敦铁路开通了第一条深层地铁线路，位于街道下方18米处，从泰晤士河下的伦敦城通往斯托克韦尔。这种地铁使用电动火车来解决黑烟问题，消除了蒸汽火车发出的轰鸣，但乘客仍然抱怨说三节车厢都没有窗户，时速只有24公里。伦敦的地下系统直到20世纪初才被称为"Tube"。

下一个地铁系统于1896年5月在布达佩斯开通。当年12月格拉斯哥开通地铁。1897年9月，波士顿开通地铁，第一天约有10万名乘客乘坐了那班3.5分钟旅程的地铁。

左图：达官显贵乘坐了大都会铁路公司的第一列地铁，其中包括未来的首相威廉·格莱斯顿（William Gladstone）夫妇。

的脸上。这次手术或许拯救了她的生命，不过维多利亚女王愿意让李斯特先行杀菌，也体现了她对杀菌剂的坚定支持。

李斯特的方法是用浸过石炭酸的棉绒和纱布包裹和覆盖伤口，然后添加一层锡和石膏。不过仍然有一些医生对此表示怀疑并提出反对意见，因为他们无法通过显微镜看到细菌。尽管如此，李斯特的方法降低了死亡率，因此迅速在德国被采用，后来又被美国、法国和英国所采用。

约瑟夫·李斯特

1827 年，约瑟夫·李斯特生于英国埃塞克斯，父亲是英国皇家学会会员，曾制作出最早的消色差透镜。李斯特就读于伦敦大学学院，1852 年成为皇家外科医师学会的会员。1853 年，他去了爱丁堡，在著名外科医生詹姆斯·赛姆（James Syme）的指导下学习，还娶了赛姆的女儿艾格妮丝。1856 年，李斯特应聘效力于爱丁堡皇家医院，1861 年，他受聘于格拉斯哥大学。

李斯特后来遭到了批评，因为他没有跟他在格拉斯哥时团队的其他成员共享荣誉。不过他发明了外科消毒技术，所以他被认为是现代外科消毒之父。

电话

电话是苏格兰裔美国发明家亚历山大·格雷厄姆·贝尔（Alexander Graham Bell）发明的。最初他想要通过一根电线发送几条信息，包括他所谓的谐波电报的那些音乐曲调。当他听到助手托马斯·沃森

左图：1892 年 10 月 18 日，贝尔开通了纽约和芝加哥之间 1520 公里的电话连线。

亚历山大·格雷厄姆·贝尔

　　电话的发明者贝尔出生在苏格兰爱丁堡，父亲是语音学家，母亲是听障人士。1870年，这个家庭移民到加拿大。1871年，贝尔搬到美国，教导聋哑儿童。他的"电子演讲"理念促使他发明了麦克风。1872年，他在波士顿建立了一所学校，培训听障教师。1873年，这所学校成为波士顿大学的一部分，贝尔则担任了大学的声学生理学教授。1877年，他和聋哑学生梅布尔·哈伯德（Mabel Hubbard）结婚，后来两人生了4个孩子。

　　1880年，贝尔研究出了更多的听障者教学技巧。聋哑女士海伦·凯勒（Helen Keller）是他的同事之一。同时他还在继续进行发明创造，在金属探测器方面做了一些早期研究，发明了一种他称为"光音机"的无线电话，并开发了一种用于外科手术的电子子弹探头。1885年，他搬到加拿大的新斯科舍，开始进行航空技术方面的实验。他75岁时的最后一个发明是一种快速水翼艇。他是1888年成立的美国国家地理学会的创始成员，并于1896年至1904年担任该学会的会长。

　　右图：海伦·凯勒（左）小时候遇到贝尔，贝尔把她介绍给了她未来的老师安妮·沙利文（Anne Sullivan）。

（Thomas Watson）拨动弹簧来启动电报发送器时，贝尔确信声音可以通过电线传播。1876年，他进行了一番实验，并很快获得了这项发明的专利。那年3月12日，他成功地进行了语音传输。坐在波士顿一家公寓的一个房间里，贝尔用他最初称作"电子演讲机"的机器对在另一个房间里的助手说："沃森先生！请过来！我有事找你！"沃森听起来气喘吁吁地回答道："我听到了！我听到了！"

1876年3月7日，贝尔因"改进电报技术"获批专利，专利号为174465。随后有数百起法律诉讼对此提出质疑，争夺这一专利，但贝尔的专利得到了美国最高法院的支持。他说到，"我的功劳可能在于为后续者开辟了道路"，并补充说功劳也属于那些后来进一步推动电话发展的人。

1877年，贝尔成为新成立的贝尔电话公司的技术顾问。他持有三分之一的股份，但很快就卖掉了股份。同年，第一部电话交换机在康涅狄格州开通使用。后来经过一番并购，美国贝尔电话公司成立。1899年，该公司发展成为美国电话电报公司。

留声机

维多利亚时代的人们需要一种装置来记录声音。这种装置是美国发明家托马斯·爱迪生发明的。他称这种机器为留声机（phonograph），并在1877年向公众做了演示。留声机由一个被锡箔圆筒覆盖的旋转圆筒组成。振动的触针把锡箔上的声音转换成表面螺旋状的压痕线。回放时，另一根针从锡纸上拾取声音，然后放大。

爱迪生记录的第一句话是"玛丽有只小羊羔"。听到重放的声音时，他感到很惊喜，后来他还说留声机是他最喜欢的发明。他建议把这个设备连到电话上，以便记录谈话。

19世纪80年代，亚历山大·格雷厄姆·贝尔和实验室里的另外一些人在留声机上取得了显著的进步。他们把易损的锡箔滚筒改为涂了蜡的纸筒，这种圆筒可以制作出质量

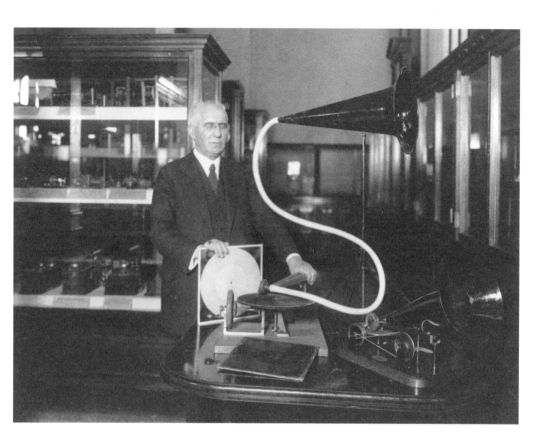

更高、播放时间更长的录音。他们还用电动马达代替了手动曲柄。

　　1887年，出生于德国的美国人爱米尔·贝利纳（Emile Berliner）发明了一种录音机，他将其命名为留声机（gramophone）。这种设备有一个扁扁的水平圆盘，后来这种圆盘被用于现代唱片。声音被保存在螺旋形的音槽中。虫胶制成的碟片比爱迪生的唱片更坚实，而且不那么笨重，还消除了重力造成的扭曲。借助模板，可以从原始的主光盘制作许多副本。

　　贝利纳是一位富有创造力的发明家，他还开发了一种发送器来增强电话送话器的微弱声音，制作了一块隔音砖，为飞机设计了一个轻便的内燃机。1919年，他还帮助儿子亨利设计了一架能成功飞行的直升机。

接种疫苗

法国化学家路易斯·巴斯德的细菌致病理论促使他开始研究疫苗，这项研究将为免疫学奠定科学基础。在此之前，巴斯德已经在 1862 年发现将葡萄酒和啤酒加热到大约 57℃ 可以防止其异常发酵，由此催生了广泛使用的牛奶巴氏杀菌法。

巴斯德在疫苗方面取得的第一个成功案例是给鸡接种霍乱疫苗。这使得它们对这种毒株产生了抵抗力，从而让巴斯德更有信心去对许多其他疾病进行免疫接种。1879 年，欧洲爆发了一场炭疽病，导致绵羊死亡和人类感染，这为他提供了一个大规模实验的机会。到 1881 年，巴斯德已经得到了农场主等人的资助，在巴黎郊区开展大规模的公共实验。他挑选了 70 只农场绵羊，给其中一半接种了疫苗。几天后，所有接种疫苗的绵羊都存活了下来，未接种疫苗的绵羊都死掉了，这让巴斯德看到了显而易见的成功。

接着他把注意力转向了可怕的狂犬病。1885 年，在对兔子进行实验后，他给 9 岁的男孩约瑟夫·梅斯特（Joseph Meister）接种了狂犬疫苗，并取得了完全的成功。世界各地的其他狂犬病患者很快都通过接种疫苗挽救了生命。这是巴斯德人生中最美好的时刻，给他带来了人们的尊重，赢得了名声。人们筹集了一笔国际资金，在巴黎成立巴斯德研究所，该研究所于 1888 年投入使用。

左图：路易斯·巴斯德应用巴氏杀菌法成功地拯救了法国的葡萄酒和啤酒行业，因为这些行业的产品在出口时易受到污染。

指纹

　　1880 年，英国科学杂志《自然》刊文提出使用指纹进行身份识别，描述了指纹的独特性和持久性。1880 年，在日本的医疗传教士亨利·福尔兹（Henry Faulds）提出在犯罪现场使用指纹识别法。英国科学家弗朗西斯·高尔顿爵士（Sir Francis Galton）首先对指纹的弓型、箕型和斗型进行了分类。在此基础上，胡安·布塞蒂奇（Juan Vucetich）和布宜诺斯艾利斯警方于 1888 年设计了一套指纹识别系统。大多数讲西班牙语的国家至今仍然使用布塞蒂奇设计的系统。

　　在英国，后来担任伦敦大都会警察局局长的爱德华·亨利爵士（Sir Edward Henry）于 1901 年向苏格兰场（伦敦警察厅）推出了高尔顿—亨利指纹分类系统。这一系统迅速在西方世界传播开来，至今仍然是常用的识别嫌犯的方法。美国联邦调查局的指纹库目前拥有超过 2.5 亿人的指纹。

上图：1884 年，弗朗西斯·高尔顿在伦敦国际卫生展览会上设立了人体测量实验室，收费为参观者测量身体指标。

无线电波

　　虽然电报和电话对现代生活非常重要，但它们发送和接收信号都受到线路的限制，而这些线路经常有缺失或损坏的情况。这个问题的解决方案就是利用无线电波。1888 年，德国科学家海因里希·赫兹（Heinrich Hertz）发现了电磁波，证明了苏格兰物理学家詹姆斯·克拉克·麦克斯韦（James Clerk Maxwell）的理论观点：光和热都是电磁辐射。1895年，意大利电气工程师古列尔莫·马可尼（Guglielmo Marconi）在 2.5 公里的距离内首次成功使用无线电波完成通讯。

1896 年，马可尼访问英国，在伦敦和布里斯托尔海峡成功展示了他的系统。那一年，他因"无线电报"获得了专利。1899 年，他跨越英吉利海峡将英国和法国用无线电波连接了起来。

1900 年，马可尼获得了"调谐式无线电报"的专利。1901 年，他证明了自己的系统并不受地球曲率的影响，因为他首次发送无线信号穿越了大西洋，从英国的康沃尔到加拿大的纽芬兰，距离长达 3380 公里。1902 年，他申请了磁性探测器的专利——后来成了第一个无线接收器。1909 年，马可尼被授予诺贝尔物理学奖。

没过多久，电话或电报联系不到的船只就可以利用无线电联系了。1906 年，加拿大发明家雷吉纳德·范信达（Reginald Fessenden）从马萨诸塞州布兰特罗克第一次向美国公众发送了"无线"的电台广播。

下图：1901 年，古列尔莫·马可尼（左）和助手乔治·肯普（George Kemp）接收到了横跨大西洋的第一批无线信号。

摩天大楼

第一幢现代摩天大楼是 1884 年在芝加哥修建的家庭保险大厦。美国建筑师兼工程师威廉·勒巴龙·詹尼（William Le Baron Jenney）设计了这栋 10 层建筑。这是第一栋用钢结构代替砖石结构的建筑，也是第一幢内外都防火的高层建筑。这些特点后来都成为行业标准，并被纳入未来的摩天大楼建设中。这幢建筑在 1890 年增建至 12 层，但在 1931 年被拆除，为另一幢摩天大楼让路。家庭保险大厦是芝加哥学派这个建筑派别的开端，这一派别开创了无装饰的方肩建筑"商业风格"，在美国的城市中非常流行。

芝加哥是建筑师的完美试验场。1871 年的大火摧毁了数千座木结构建筑，建筑师们都渴望去追随詹尼的开创性设计。芝加哥的城市建筑高度不断增加，1892 年建造的一幢大厦达到创纪录的 21 层，达到当时允许的高度顶峰。1939 年，因为修建地铁，这幢大厦被拆除。

上图：芝加哥家庭保险大厦的重量仅为同一高度的砖石建筑重量的三分之一。

纵向而非横向建筑的理念尤其对纽约的建筑师有吸引力，因为他们都受到曼哈顿的空间限制。纽约报社的办公大楼往往互相竞争，比如纽约论坛报大厦（1875 年），建筑命名为"时代广场"的纽约时报大厦（1889 年），以及纽约世界报大厦（1890 年）。纽约最具标志性的建筑是 1902 年竣工、22 层的熨斗大厦（Flatiron Building）。它引人注目的楔形设计是由芝加哥学派的丹尼尔·伯恩汉姆（Daniel Burnham）完成的。不过这并不是纽约最高的建筑，纽约最高的建筑是 1899 年落成的 29 层高的公园街大楼。一个多世纪以来，世界上最高的建筑都在美国，直到 1998 年马来西亚在吉隆坡建造了双子塔大楼。

X 射线

1895 年，德国巴伐利亚州维尔茨堡的物理学教授、科学家威廉·伦琴（Wilhelm Röntgen），正在用一根被黑纸包裹的阴极射线管（将来的显像管电视）在一个完全黑暗的

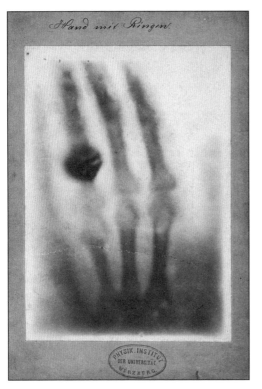

上图：1895 年，威廉·伦琴的第一次医学 X 光检查对象是妻子安娜·伯莎（Anna Bertha）的一只手。

房间里做实验。他惊讶地发现，射线管发射出看不见的射线，这些射线导致房间另一边屏幕上的不同化学物质发光。他的实验发现，这些射线使木头、纸和铝这样的固体材料变得透明。

因为伦琴错误地认为这些射线与光无关，就将其命名为"X 射线"。他发现这些射线在照相底片上留下了印痕，在他最初的 X 光照片中，有他妻子的手骨照片。

世界上最早的放射科之一是 1896 年在苏格兰的格拉斯哥皇家医学室建立的，那一年医学 X 射线的先驱约翰·霍尔－爱德华兹（John Hall-Edwards）博士做了最早的一次 X 射线诊断，他发现一位女性的手上插入了一枚针。

伦琴于 1901 年获得了有史以来第一个诺贝尔物理学奖。X 光检查不需要手术就

能看到身体内部，改写了医学诊断的历史。X 光甚至对现代物理学的发展发挥了作用。

电影

从静止的照片创造明显的运动的基本设想，首先是由在英国出生、后来移民美国的摄影师埃德沃德·迈布里奇（Eadweard Muybridge）加以验证的。1868 年他因拍摄加利福尼亚州的约塞米蒂峡谷而出名。

1872 年，铁路大亨利兰·斯坦福（Leland Stanford）聘请迈布里奇来证明跑动过程中的马在跃起的瞬间是四蹄腾空的。1877 年，迈布里奇证明了这一点，他

下图：埃德沃德·迈布里奇拍摄马的计划被打断了，因为有人指控他杀死了妻子的情人，不过他最终被判无罪。

将多达 24 台相机的快门曝光时间设置为 2/1000 秒。后来他又发明了一种称为"动物实验镜"的投影机，可以把屏幕上的照片图像投射到旋转的玻璃盘上。玻璃盘的移动速度非常快，能让人产生运动的错觉。1893 年在芝加哥举办的纪念哥伦布的世博会上，"动物实验镜"产生了轰动效应。从 1884 年到 1887 年，为了科学和艺术的发展，迈布里奇借助人类表演活动，进一步重复了他的运动图片研究。

这些研究结果激发了托马斯·爱迪生的好奇心，1889 年，他组织了一个小组开展研究，发明了能用胶片拍照的活动电影摄影机。后来他们又发明了活动电影放映机来展示拍摄的结果。1894 年，第一家电影放映厅开业，放映几秒长的电影，票价 5 美分。1893年，美国发明家查尔斯·弗朗西斯·詹金斯（Charles Francis Jenkins）设计出了影片投影

托马斯·爱迪生

托马斯·阿尔瓦·爱迪生出生于俄亥俄州的米兰镇，是家中第 7 个孩子，也是最小的孩子。他患有听力障碍，只上过几个月的学。16 岁时他开始担任报务员。1868 年，爱迪生搬到波士顿，在那里他发明了一个电子投票记录器，不过这项发明并没有取得商业上的成功。1869 年，他去了纽约，发明了普用复印机，因为这项发明和其他创意，爱迪生赚了 4 万美元。

1871 年，爱迪生搬到新泽西州的纽瓦克，开始改进电报。5 年后，他定居在纽约附近的门洛帕克，在那里他做出的重大发明包括 1877 年的留声机和 1878 年的电灯泡。

爱迪生的妻子玛丽 1884 年去世后，留下 3 个孩子。两年后他又结婚了，他和第二任妻子米娜定居在新泽西州的西奥兰治。在那里，他再次开始研究留声机。1889 年，他发明了用来播放电影的电影放映机。他在 20 世纪 20 年代的最后一个项目，是按照亨利·福特和哈维·费尔斯通（Harvey Firestone）的要求开发人造橡胶。爱迪生测试了数千种植物，最后发现菊科植物有可能实现他的目标。他一直致力于这项研究，直到 1931年去世。

机，可以把真人大小的图片投射到屏幕上。次年，他在印第安纳州的里士满向家人、朋友和记者展示了这种设备。托马斯·爱迪生购买了这项专利来生产他的"维太放映机"（Vitascope）。1896 年 4 月 23 日，在纽约市的科斯特和比尔音乐厅，爱迪生进行了第一次电影商业展示。

法国兄弟奥古斯特·卢米埃尔（Auguste Lumière）和路易·卢米埃尔（Louis Lumière）也是电影领域的先驱，他们发明了集摄影和放映为一体的活动电影机，每秒可以拍摄 16 帧照片。1895 年 12 月 28 日，他们在巴黎的大咖啡馆放映了一部电影，第二年又拍摄了 40 多部电影。

结语

19 世纪领土的扩张和思想的发展，赋予了维多利亚时代的人们一张巨幅画卷，让他们绘制自己设想的现代生活的愿景。不过这并不容易做到，因为工业革命引起了社会动荡，殖民战争则让无数人丧失了生命。在维多利亚时代的人看来，这些都是传播道德和技术的新世界需要付出的代价。

进步给一些人带来了财富，但多数人还是在努力避免贫穷和犯罪，如果能简单地生存下来，他们就会感到幸运。维多利亚时代的人把英国国内和殖民地的社会不平等视为自然而然的事，相信在交通、通信和医药等领域取得的进展将会最终让所有人受惠。在个人层面上，从怪胎表演到哥特式小说，从自行车到电影，各种各样的娱乐方式让人们的生活更加多姿多彩。大众传媒和娱乐，亦有助于改变维多利亚时代的人们应对 20 世纪不确定的未来的态度。

The Victor

第 3 章

城市生活

提到维多利亚时代，人们自然就会想到伦敦。查尔斯·狄更斯、亚瑟·柯南·道尔等作家都曾描绘过这座城市的生动景象，而报纸呈现给我们的则是真实犯罪的恐怖，比如关于开膛手杰克和另外一些杀人犯的报道。

在维多利亚时代，伦敦是富人的家园，富人维系着"道德"和英国的传统。然而，新兴中产阶级高级住宅里的那些居民，却敏感地意识到这一背景之下日益严重的贫困、疾病和犯罪问题。这些问题往往是由在楼下劳作的不幸奴仆"带到"他们家中的。面对不平等和城市快速发展带来的与人相关的严重问题，富人和穷人似乎都有些无可奈何。

令人吃惊的是，维多利亚时代的"进步"正是造成这些可怕情况的原因。到19世纪中叶，英国始于约1760年的工业革命已经充分发挥了其影响力，工厂开始依靠越来越多的大型机器进行大规模生产。效率的提高意味着工作机会的减少，结果激怒了那些反对使用机器的人。这些人主要是诺丁汉郡（Nottinghamshire）、约克郡（Yorkshire）和兰开夏郡（Lancashire）过剩的纺织工人。1811年至1813年间，他们偷偷地破坏机器，后来甚至还对工厂——包括英格兰南部的工厂——发动了零星的袭击。许多早期的领导者都被判处绞刑或流放到各殖民地。

纺织业和陶瓷业吸引了劳工从农村来到城市。截至1851年，英国的城市人口已经超过农村人口。来自农村的人潮导致城市拥挤、市容肮脏，许多人的雄心壮志在贫民窟和济贫院里慢慢消亡。由于大量技术工人和非技术工人的存在，工资降低到了勉强维持生计的水平。结果是暴力犯罪、抢劫、卖淫、酗酒和早逝的人数增加，而早逝通常是由不健康的食物和疾病导致的。

　　尽管伦敦是维多利亚时代的象征——毕竟女王就居住在伦敦——可是这些影响在伯明翰和曼彻斯特这样的工业重镇以及不断发展的世界城市中同样能感受到。虽然维多利亚时代的人们渴望进步，但他们在日常生活中仍面临着各种不确定性，结果就会出现

右图：这幅政治漫画把鼓动捣毁机器的勒德分子（Luddites）的领导者画成身穿女装的人。

THE LEADER OF THE LUDDITES

沮丧和焦虑情绪，这些情况往往会导致暴力。从1863年纽约市的征兵暴乱和1871年的巴黎公社运动都可以看出，此类现象并不局限于英国。

上图：工业革命期间，暗无天日的工厂条件极其糟糕，工人一生艰辛，生活在绝望之中。

贫困

维多利亚时代的人们认为贫穷源于自身的原因，要么是因为懒于工作，要么是因为酗酒、赌博或者不事节俭。在某些人看来，似乎存在一种自然法则，上等的人过着体面、安稳的生活，低等的人则沦落到极度贫困的境地。1886年的一项调查发现，伦敦三分之一的居民是穷人。有些人支付1便士在城里提供的收容所睡觉。19世纪90年代，救世军（the Salvation Army）在黑衣修士（Blackfriars，伦敦市中心的一个地区）经营一处收容所，提供的睡觉场所只有被称为"棺材床"的放在长椅或地板上的木头箱子。

贫困也被认为是一种道德上错误的罪行，应该判处监禁。查尔斯·狄更斯笔下的伦敦监狱最为人所熟知。1824年，他的父亲约翰和家人因欠一个面包师40英镑的债务而被

上图：《笨拙》（*Punch*）杂志 1858 年刊登的一幅漫画，描述了乌烟瘴气的泰晤士河中的"死神"形象。

关到了萨瑟克街区（Southwark）的马夏尔西监狱（Marshalsea Prison）。当时年仅 12 岁的狄更斯不得不辍学，在一家黑鞋油店做童工，以帮助家人。他在 1855 年至 1857 年间连载发表的长篇小说《小杜丽》（*Little Dorrit*）中就描写了这段经历。

狄更斯家人的案件对维多利亚时代的人来说并不罕见：当时每年大约有 1 万名债务人被监禁。这可能意味着无限期的监禁，直到清偿欠债——这并不容易，因为囚犯还要支付在监狱的食宿费用。1869 年，英国议会通过《债务人法》，禁止监禁欠债者，但欠钱的人如果明明有钱却不肯还债，仍然可以被关押。到 1900 年，监狱里仍关押着 11427 名债务人。

比监狱稍微强一点儿的是济贫院。穷人在那里受到苛刻的管理，要求通过劳动来提高自身的道德品质。病人和老人也被收容进来，另外还有许多则是孤儿、抚养年幼子女的寡妇、弃妇，以及"堕落的女人"。济贫院里的各种条件都被故意弄得很糟糕，免得有人主动申请入住或者延长逗留时间。

肮脏的伦敦

伦敦城里的生活很肮脏。街道上满是泥泞以及马匹和其他动物的粪便，空气中则弥漫着雾气和煤烟的味道。地下室的污水池经常堵塞外溢，益发臭不可闻。抽水马桶开始流行后，未经处理的污水顺着排雨水的管道被排放到了泰晤士河中。泰晤士河的河水原本是清洁后用作饮用水的，这样一来就导致了霍乱、伤寒等疾病。泰晤士河水的臭味有增无减，直到 1858 年出现了"大恶臭"。议会的议员们不堪忍受恶臭，甚至把下议院的窗帘用漂白粉浸泡，希望能阻隔臭味。不过这种做法徒劳无功，所以议员们通过了一项法令，要求修建新的排水系统。

　　在维多利亚时代，因为城市遭受污染，人均预期寿命大大缩短，尤其是挤在贫民窟的那些穷人。1851 年，奥克汉普顿（Okehampton）集镇居民的预期寿命为 57 岁，而利物浦市中心居民的预期寿命却只有 26 岁。家庭的煤火和工厂的烟雾导致了人们的呼吸道疾病和早逝。伯明翰和谢菲尔德比伦敦更危险，因为这两座城市的金属制造业需要燃烧大量煤炭。

债务人在监狱里的生活

　　奇怪的是，债务人监狱里的囚犯生活在由他们自己的委员会管理的一种类似社区的组织中。家属可以和债务人一起住在那里，所以也就有孩子在监狱里出生长大。身家殷实些的债务人可以住离监狱长更近、条件更好的监室。他们允许被探视——如果来访者有可能给他们钱的话，这样他们就能在监狱的商店和餐厅消费，甚至可以出监狱过一段时间。然而，一贫如洗的那些人却只能在监狱的另一侧跟其他人共用监室，靠最基本的必需品勉强度日。

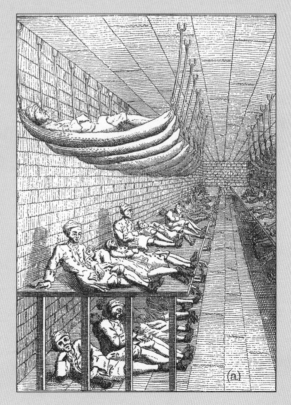

右图：欠债人但凡略有身家，就会感到关在监狱里的生活是拥挤不堪、难以忍受的。

图利街火灾

在维多利亚时代，城市火灾总是让人担惊受怕，因为城里到处都是木质建筑，消防员却配备不足。伦敦人尤其对火灾警醒，他们都记着 1666 年的那场大火和 1834 年议会大厦被烧毁的景象——那是在维多利亚女王登基 3 年前发生的事。

1861 年，又一场大火在伦敦肆虐。事后证明，这是 1666 年那场大火之后规模最大的火灾。这场灾祸始于 6 月 22 日，那天是星期六，火最初是从图利街（Tooley Street）的棉花码头烧起来的，仓库里堆满了易燃物品，有亚麻、黄麻、棉花、料油、油漆、牛脂、硝石等。人们认为火灾是由亚麻自燃引起的，粗心大意则助长了火势，因为当时铁制的防火门一直没关。

到了晚上，大火从伦敦桥一直蔓延到了海关大楼。就连泰晤士河里也是烈焰腾腾，因为有些易燃材料掉入了河里，甚至烧毁了几艘船。为了救火共出动了 14 辆消防车，可惜水太少了，甚至有一台水上消防车因为水

右图：图利街可怕的大火令伦敦人感到震惊，之后他们成立了一支全市性的专业消防队，以防未来再有悲剧发生。

位太低未能派上用场。更悲剧性的是，因为一间仓库的倒塌，消防主管詹姆斯·布雷德伍德（James Braidwood）不幸丧生。"太让人痛心了"，维多利亚女王得知他的死讯后，在日记中这样写道。超过 3 万名伦敦市民聚集在一起，一边享用通宵营业的酒吧和小贩们出售的茶点，一边观看火势。大火烧了整整两周，货物和建筑物的损失估计达 200 万英镑。

　　图利街火灾后，伦敦消防服务进行了升级。1866 年，公共服务机构大都会消防队取代了由 25 家保险公司经营、规模不大的伦敦消防局（LFEE）。

移民潮

城市的过度拥挤和经济的恶化导致了前所未有的移民潮，既有移民到英国的人，也有从英国移民的人。许多人离开英国去了美洲、澳大利亚及其他殖民地。爱尔兰人占的

其他一些大型火灾

维多利亚时代，世界各地城市的木质建筑往往都拥挤地建在狭窄的街边，里面住满了人。一旦发生大型火灾，人们就只能自谋生路，因为早期的消防员无论技术水平或资源都难以应对。

1842年，德国汉堡旧城区三分之一的建筑被烧毁，火灾源于一家雪茄厂起火，从5月5日一直烧到5月8日才被扑灭。这场大火造成51人死亡、1700所房屋被毁。这是第一场震动国际保险界的火灾，英国许多保险公司损失惨重。1847年3月23日，罗马尼亚布加勒斯特被一场大火摧毁，城市的三分之一和几乎整个中央商业区被夷为平地。火灾的起因是一个十几岁的男孩向一间干草鸽舍开了一枪，结果导致15人死亡，1850座建筑

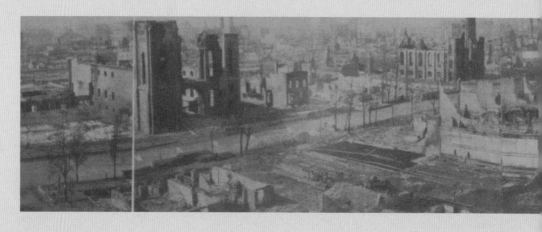

比例最高，因为 1845 ～ 1849 年的"马铃薯饥荒"，估计有 200 万爱尔兰人背井离乡，去往英格兰、苏格兰或美国谋求更好的生活。英国不断发展的工业也吸引了来自欧洲和其他更遥远国度的移民。走在伦敦的大街上，你不免会碰到日本人、中国人、印度人和阿拉伯人。有许多犹太人定居在伦敦东区，尤其是斯皮塔佛德地区（Spitalfields），他们仍然使用自己的语言，也维系着自己的传统。在逃离大屠杀和其他迫害后，他们一开始引发了人们的同情，但公众的态度最终转为敌对他们。反移民运动的一位领导人阿诺德·怀特

物被烧毁，其中包括 12 座教堂。

美国芝加哥 1871 年的大火从 10 月 8 日烧到 10 月 10 日，摧毁了整个城市的大约三分之一，造成 300 人死亡、9 万人无家可归、17450 座建筑物被毁，损失达 2 亿美元。关于起火原因的传统说法是，凯瑟琳·奥利里夫人家的奶牛踢翻牛棚里的油灯从而引发了火灾。

1878 年圣诞夜，中国香港遭遇大火，数公顷建筑被烧毁。直到当地的摄影师开始出售这场悲剧的照片了，余火仍未熄灭。英国商人爱德华·费希尔（Edward Fisher）被指控纵火骗保，但后来他被判无罪。

左图：由于大火对木质建筑造成的严重破坏，芝加哥建造了世界上第一幢钢制摩天大楼。

上图：19世纪40年代的"马铃薯饥荒"迫使数百万爱尔兰人移民美国，可是到了美国，他们的生活同样困窘。

（Arnold White）称犹太人是"威胁国民生活的危险因素"，一些国会议员还呼吁限制一般移民，不过没有成功。

在英国移居海外的各种形式中，最令人"不快"的当属"流放"。那些触犯法律的人，即使是轻微的街头犯罪，也可能会被流放到海外殖民地7～14年，但往往他们的余生都要在殖民地度过。即使是应被处决的罪犯，有时也会被减刑为流放。这一政策始于1717年，当时罪犯被送到北美的流放殖民地。美国独立后，澳大利亚成了流放的主要目的地。该体系存在缺陷，因为流放者中增加了爱尔兰民族主义者这样的政治犯，而且增加了向澳大利亚流放的人数，为的是提供所需的廉价劳动力。在维多利亚时代，人们开始认为这种做法不妥，不该为犯罪分子提供免费的机会，去开始虽然或许有些坎坷的新生活。1868年，历经大约80年、158702名囚犯遭到流放之后，这种做法被废除。

爱尔兰贫民窟

在维多利亚时代，逃离贫困的爱尔兰人在纽约没能实现"美国梦"。他们被挤在纽约

坦慕尼协会

美国《独立宣言》的起草人托马斯·杰斐逊（Thomas Jefferson）看到美国人口不断增长后，开始担心人们"在城市中越来越拥挤"。到1880年，5000多万的人口已经催生了诸多大城市，他的预测成真了。出乎他预料的是，城市政府和腐败飞速增长。大城市的政治组织可以有效地解决问题，但是组织中的许多成员却热衷于谋求私利，用恩惠换取庇护。

坦慕尼协会是纽约民主党执行委员会中最糟糕的政治机构之一。在臭名昭著的威廉·"老板"·特威德（William 'Boss' Tweed）的领导下，该机构破坏地方选举，贿赂与之竞争的政客，甚至影响州和国家的政治。协会的成员毫无诚信可言。其中一个名叫乔治·华盛顿·普伦基特（George Washington Plunkitt）的人，就通过获取关于公园和其他重大项目用地的消息而牟取暴利：他抢先买下这些土地，然后溢价卖给市政府用于开发。

坦慕尼协会的存在时间甚至比维多利亚时代还长，然而1932年民主党候选人富兰克林·罗斯福成功当选总统，坦慕尼协会却失算没有选择支持他。在新任改革派市长菲奥雷洛·拉瓜迪亚（Fiorello La Guardia）的帮助下，罗斯福削减了这一机构的权力。

WHO STOLE THE PEOPLE'S MONEY？"－ DO TELL . N.Y.TIMES.　'TWAS HIM.

右图：美国画家托马斯·纳什（Thomas Nash）笔下的"特威德环"——每个人都指责自己身边的那个人。

上图：纽约的征兵暴乱是工人阶级对内战期间征兵的反抗。

下东区昏暗的公寓里，1 平方英里内的区域内住着近 30 万人。维多利亚时代的纽约，每四个居民中就有一个是爱尔兰人。有时，5 个家庭会合住在一间没有厕所、浴室或自来水的公寓里。这种拥挤状况导致了身体状况和道德水准的迅速下降——从流行病、普遍的酗酒、犯罪和暴力行为中都可见一斑。许多爱尔兰人参加了 1863 年纽约的征兵暴乱，这场暴乱最终造成 100 多名非裔美国人丧生。

住宅外面的情况也好不到哪里去。就像伦敦和维多利亚时代的其他工业城市一样，纽约的街道上到处都是动物和人类的粪便，由此往往导致恶臭、疾病和死亡。孩子们在死马和流浪猪旁边的污物堆里玩耍，喝街头小贩出售的受过污染的牛奶。大约 25% 的爱尔兰移民儿童因此而夭折。

1842 年，查尔斯·狄更斯在两名警察的陪同下参观了纽约曼哈顿的五点区（Five

Points）——一处极度贫困和堕落的爱尔兰贫民窟。在那一年出版的《游美札记》（*American Notes for General Circulation*）中他写道，那里"贫穷、悲惨和邪恶盛行"。据他描述，该地区狭窄的道路"到处散发着肮脏和污秽的气味"。不过他很快就把这里与维多利亚时代其他城市进行了比较。他写道："这里的生活和其他地方是一样的，会结出同样的果实。门前这种粗糙而又浮肿的面孔在英国国内和世界各地随处可见。"

纽约黑帮

在 1927 年出版的《纽约黑帮》（*The Gangs of New York*）一书中，赫伯特·阿斯伯里（Herbert Asbury）描述了 19 世纪纽约街头发生的骇人听闻的暴力事件；2002 年，该书由马丁·斯科塞斯（Martin Scorsese）执导拍摄为电影。书和电影都是以曼哈顿五点区及地狱厨房（Hell's Kitchen）和鲍厄里街区（Bowery）的黑社会为背景，这些地方是杀人犯、妓女、掏包贼和其他盗贼的家。充斥街头巷尾的是城市流氓（Plug Uglies）、四十大盗（Forty Thieves）、鲍厄里男孩（Bowery Boys）、破晓男孩（Daybreak Boys）、惠尤帮（Whyos）、死兔帮（Dead Rabbits）这样的帮派组织。帮内穷凶极恶的暴徒起的名字都很恐怖，比如屠夫比尔、吸血鬼路德维希、地狱猫玛吉、食人者杰克·麦克马纳斯、流口水的吉姆、牛腿山姆·麦卡锡、山羊萨迪（他喜欢用头撞击受害者）、花花公子约翰尼·多兰。后者的鞋子上带有斧刃，手上套着一个铜制挖眼器。

这些帮派势力强大，胡作非为，他们甚至会张

下图：1887 年，邪恶的短尾帮（Short Tail Gang）在纽约的下东区和码头区横行无忌。

地狱猫玛吉

　　地狱猫玛吉是纽约五点区最令人恐惧的帮派成员之一。玛吉是爱尔兰移民，最初是惠尤帮的扒手。转向暴力后，她加入了死兔帮。在跟鲍厄里男孩以及其他帮派的争斗中，她磨尖牙齿，戴着剃刀般锋利的铜制指甲套大打出手。

　　冲向对手的过程中，她会大声尖叫，又抓又咬。她尤其喜欢把"战利品"放在她当保镖的酒吧吧台展示。选举期间，也有一些政党会雇用玛吉充当"打手"，威胁或攻击竞争对手。

贴警告，让警察不要靠近他们的地盘，否则后果自负。他们还作为政治俱乐部运作，支持各种候选人，并拥有合法的企业，比如赌场和酒馆。有时候帮派成员以与众不同的方式进行商业活动。比如惠尤帮的成员皮克·瑞安（Piker Ryan）被抓到时，搜出他的一张业务价目表，其中包括脸上打一拳2美元，割下一只耳朵15美元，杀人这样的"大活"100美元。

贫困维也纳

　　在维多利亚时代，音乐、建筑、文化和文明社会的各种盛况都掩盖不了维也纳的赤贫状况，当时维也纳被贫民窟和工厂包围。就连一些邪恶之人也愤怒于这座城市"令人眼花缭乱的财富和令人厌恶的贫穷"。1848年革命失败后，庞大的奥地利帝国的贫困工人涌入维也纳，使得这座城市不堪重负。这些新来的人被安置在市中心肮脏的公寓里，卫生条件极为简陋。穷人很少接受治疗，疾病——特别是肺结核——导致许多人丧生。受害者中有些是无家可归者，其中一些人甚至住在城市的下水道中。忍饥挨饿的人们——其中许多是孩子——靠在街上的垃圾堆中翻找厨房垃圾维持生存。到 1891 年，这个城市只有三分之一的居民是本地出生的。当时维也纳有 150 万人口，在欧洲仅次于伦敦和巴黎，但在 1894 年，其贫困程度超过了这两座城市。

童工

狄更斯是维多利亚时代童工当中最著名的受害者。童工的教育被早早中断，健康状况经常受到严重威胁。然而，与负责烟囱清洁、做矿工、在工厂做工或在造船厂、农场工作的许多男孩女孩相比，他那份擦鞋的工作并不算辛苦。5 岁时，男孩往往就开始去煤矿工作，女孩就做家政服务（在富人家做佣人）。在许多情况下，他们的待遇并不好，还会受到虐待。制定的法律也只是限制童工的工作时间和年龄。1878 年的《工厂和工场法》（Factory and Workshop Act）禁止雇用 10 岁以下儿童。到 1891 年，仍有超过 10 万名 10～14 岁的女孩在从事家政服务。

下图：1866 年的一幅版画描绘了英国一处煤矿的童工辛苦采煤的场景。

查尔斯·狄更斯

生于 1812 年的查尔斯·狄更斯很快就接触到了维多利亚时代经济和社会的诸多不平等之处。作为当时最受欢迎的小说家，狄更斯用自己讲述的故事来揭露伦敦的贫穷状况和社会的不公。

狄更斯笔下的某些情节就是源自他的个人生活经历，比如《大卫·科波菲尔》（*David Copperfield*，1850 年）中的米考伯先生因欠债而入狱。狄更斯对一些敏感话题——比如教育、舆论、贪婪、自私，以及对贫穷弱势群体缺乏同情，等等——提出了批评。他的绝望体现在《雾都孤儿》（*Oliver Twist*）、《荒凉山庄》（*Bleak House*）这些小说中，在未完成的最后一部小说《我们共同的朋友》（*Our Mutual Friend*）中益发明显。

狄更斯也对工业革命感到绝望，正如他在《艰难时世》（*Hard Times*）中所描述的那样：工业城镇高高的烟囱"冒出有毒的黑烟"，透过每家每户"熏黑的玻璃窗，焦煤镇的居民看到的是永远处于晦暗境地的太阳"。

声名显赫的狄更斯还是个慈善家，致力于纠正他在作品中提及的诸多社会问题。他出资帮助在伦敦的牧羊丛地区（Shepherd's Bush）修建了一处安全屋，收留沦落风尘或犯罪的贫困女孩和妇女。他资助的另一个项目是面向穷苦孩子的贫民学校，因为在他看来，教育是医治犯罪和贫穷的良药。

上图：狄更斯很早就辍学去做童工，但后来却成为维多利亚时代最受欢迎的作家。

　　儿童福利确实在缓慢改善；到维多利亚时代末期，大多数儿童的教育都延续到了12岁。1852年，男孩和女孩中有三分之一没接受过教育，到1899年，8岁以下儿童中受教育的比例已经上升到近90%。

困苦的童年

　　两种旨在改善维多利亚时代家庭状况的观念常常会导致童年的困苦。父亲被认为是一家之主，经常对孩子严加管教。如果有的家庭雇了保姆，这事便可以由保姆来做，可是有些保姆却不怎么宽容，甚至偏执刻薄。一般的扇耳光及用皮带或其他工具抽打这样的惩戒手段都被视作家庭事务。年幼的佣人和学生受到同样痛苦的惩戒，却几乎没有引起人们的关注，这让施虐的雇员和教师可以为所欲为。

　　来自贫困家庭的孩子受苦更多。他们从很小就做辛苦的工作，回到家后，酗酒而又暴力的父母可能还会虐待他们。许多男孩和女孩只好露宿街头，通常是离家出走，有些则为了获得食物和住所沦为扒手或沦落风尘。1848年，伦敦医院收治了近2700名11～16岁染性病的女童，其中大多数是由卖淫导致的。维多利亚时代的公众除了虚伪地对这些现象提出谴责，并无实际行动。教会和慈善组织致力于把儿童从道德危险中解救出来，但到1865年，可以与人发生性关系的法定年龄才从12岁提高

上图：在维多利亚时代，可怜的孩子们经常遭到虐待，但却求助无门。

到 13 岁。防止虐待儿童协会直到 1891 年才成立，比防止虐待动物协会成立的时间晚了 67 年。

解救儿童

美国官方记录的第一起虐待儿童案是 1874 年报告给一家动物福利机构的。玛丽·艾伦·威尔逊的母亲因为要做工，就在她快两岁的时候把她寄养在一个女人家中。后来她母亲再也付不起钱了，这个女人就把玛丽·艾伦交给了纽约市的慈善部门。慈善部门允许另一对夫妇——玛丽·麦考马克和她的丈夫——收养这个女孩，然后对她的亲生母亲说她已经夭折。

麦考马克住在曼哈顿，是个残忍的女人，无论什么时间，随手拿起什么东西就会殴打玛丽——不管是剪刀还是皮鞭。玛丽·艾伦被禁止外出，麦考马克夫人去上班时，就把她锁在一个小衣橱里。这场折磨持续了七年多，麦考马克夫人百般虐待这个女孩。邻居们整天都能听到她的尖叫声，但一直没人出手相助。最后，直到一位名叫埃塔·惠勒的案件调查员看到她脸上和胳膊上都有伤疤，才采取了相关措施。她向当局求助，却遭到拒绝，因为当局认为玛丽·艾伦虽然处境不幸，但也比待在她自己母亲身边要好。

惠勒夫人随后联系了美国防止虐待动物协会的创始人亨利·伯格（Henry Bergh），因为当时并没有法律保护儿童免遭身体虐待。亨利派了一名工作人员到附近地区去确认虐待行为，随后纽约州最高法院剥夺了玛丽·艾伦"母亲"的监护权。1874 年，这个 10 岁的小女孩出庭作证，当时《纽约时报》报道的标题是"一个小流浪儿的非人道待遇"。后来，麦考马克夫人被判 5 年劳役。

上图：1866 年，亨利·伯格成立了一个协会来反对虐待动物的行为，因为他访问英国时看到英国有类似的协会。

这一案例引发了一场对虐待儿童的声讨，就在那一年，美国防止虐待儿童协会成立，这应该是世界上同类组织中的第一家。

后来玛丽·艾伦被送去跟惠勒夫人以及自己的母亲幸福地生活在一起。再到后来她也结婚生子，1956 年以 92 岁高龄辞世。

糟糕的方法

在维多利亚时代，未婚怀孕意味着女人美德和名誉的终结。堕胎是为了防止出现这种耻辱，职业女性和中产阶级家庭为了控制生育也会选择堕胎。然而，1861 年议会通过了《侵害人身法案》，该法案规定妇女终止妊娠是违法的。对堕胎和帮助堕胎者——包括医生——的惩罚是终身监禁。尽管如此，堕胎还是很常见，有些还被贴上流产的标签。当怀孕威胁到已婚妇女的生命时，甚至医生也被允许为她们进行"治疗性堕胎"。

臭名昭著的"后街堕胎"通常是通过向子宫内注射水来进行的。更糟糕的方法是利用

国家未来的命运

波士顿外科医生霍雷肖·罗宾逊·斯托勒（Horatio Robinson Storer）是一位坚决反对堕胎的活动家。他发起了"医生反堕胎运动"，这一运动使得美国几乎每个州都出台了反堕胎法。一般人都认为生命是从"胎动"（大约在受孕的第四个月）开始的，但斯托勒认为还要更早。他还利用了人们对美国被移民控制的恐惧，因为堕胎会降低本土美国人的出生率。"这个问题我们国家的女性必须做出回答，"1868 年他说，"国家未来的命运取决于她们的腰腹。"

左图：家境优裕的女性可以得到妥当的堕胎，而贫穷的女性却不得不依赖那些不可靠的后街庸医。

编织针和其他锋利的工具。粗暴的活动往往也会奏效，比如骑马、跑步甚至突然摔倒。服用草药、其他药物或松节油这样的危险物质速度更快，但往往同样痛苦，有时候甚至会致命。在 19 世纪 90 年代的谢菲尔德，水管中的铅中毒引发了堕胎，由此很快催生了一种铅化合物的销售。

女性角色的变化

整个 19 世纪，女性的角色就是主内持家。维多利亚女王是最出色的榜样，她强调幸福的家庭生活、母亲的身份和受人尊敬。因为这些美德，女性往往被浪漫化，受到崇拜。

然而随着工业革命的到来，她们相对局限的生活开始发生变化，她们开始关注那些在恶劣条件下劳动的人，以及那些失业和贫困的人。尤其是在城市，女性开始离家去做慈善工作，随着她们进入真实而粗暴的世界，女权运动开始发展。查尔斯·狄更斯在他 1853 年的小说《荒凉山庄》中，塑造了杰利比夫人和帕迪格尔夫人两个角色，来讽刺为了慈善工作置家人于不顾的女性活动家。

英国女权运动于 1859年被组织起来，由中产阶级女性组成，为女性争取适当的教育和就业机会。1866年，包括艺术家、女权活动家芭芭拉·丽·史密斯（Barbara Leigh Smith）在内的一些成员开始了第一次女性选举权运动。1889 年，埃梅琳·潘克赫斯特（Emmeline Pankhurst）成立了妇女选举权同盟，她的丈夫也积极支持女性获得选举权。1893 年，新西兰成为世界上第一个赋予女性选举权的国家，而英国直到 1918 年、美国直到1920 年才赋予女性选举权。

上图：埃梅琳·潘克赫斯特争取女性选举权长达 40 年之久。在她去世前几周，女性终于获得了选举权。

1903 年，在埃梅琳·潘克赫斯特的带领下，英国成立了激进的妇女社会和政治同盟，最早被称为"妇女参政权论者"（suffragette）的那些人就是该组织的成员。

苏珊·B. 安东尼

上图：苏珊·B.安东尼还为女性争取财产权和支配个人所得的权利。

苏珊·B.安东尼（Susan B. Anthony）在纽约罗切斯特附近的家中，为废除奴隶制和支持禁酒开展运动，后来她成了美国争取女性选举权的先驱人物。1872年美国总统大选期间，她"非法"投票，遭到逮捕，被判处罚金，但她拒绝缴纳。1888年，她帮助成立了国际妇女理事会。1892年，她成为全美妇女选举权协会主席。"永远不可能有绝对的平等，"她指出，"除非女性自己立法和选举立法人员。"她是首位出现在美国货币上的女性。1979年，她的形象出现在了新版的1美元硬币上。

芝加哥赌徒

在努力工作、崇尚道德的维多利亚时代，赌博被认为是一种让人上瘾的恶习。虽然体面的伦敦家庭里通常看不到赌徒的身影，但在年轻的美国城市里，控制赌博更为困难。芝加哥很快就成为纸牌、骰子、拳击、赛马、斗鸡等非法赌博活动的中心。到19世纪30年代，由于教会团体的反对，市政府打击了两个赌博窝点，并将经营者关进了监狱。然而到1850年，市中心已有大约100家赌场，其中大多与酒吧相连。政府基本就是听之任之，因为它们通过租金、员工工资和赌博人员在附近的消费为芝加哥经济做出了"贡献"。在美国内战期间（1861～1865年），挣扎中的南部各州的赌徒来到芝加哥这个更富裕的地方，与联邦士兵一起围着桌子赌牌、掷骰子。赢钱的人往

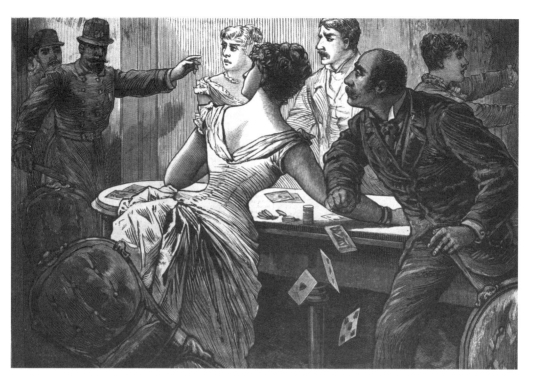

往跟从妓院招来的陪侍一起，乘敞篷马车去别的地方花天酒地。

上图：光顾芝加哥赌场和其他赌博窝点的既有粗野之徒，也有城市精英。

　　小打小闹的赌场逐渐发展为大型场所，到1870年，赌场甚至开始结成联合集团。它们势力强大，甚至通过捐款来影响政客，并通过贿赂买通警察。没过多久，三个赌博集团控制了芝加哥的赌博业，并经常利用暴力来控制赌博活动。然而，芝加哥未能免于维多利亚时代道德观念的影响，公众和媒体发起的运动迫使政客们关闭了那些明目张胆的赌博组织。到19世纪90年代，赌场都搬到了远离城市控制的郊区。

纽约征兵暴乱

维多利亚时代恰逢美国内战，当时纽约气氛紧张，暴力不断。1863年7月13日，美国历史上最致命的暴乱之一开始了。因对征召加入联邦军队的新法律感到不满，数千人在曼哈顿进行了连续 5 天的打砸烧杀。由于战争是针对蓄奴州的，所以白人居民就把矛头指向了黑人，他们指责黑人为争取自由引发了战争。纽约在许多方面支持南部各州，因为该市与南方产品存在较强的经济联系，尤其是棉花，占了纽约船运量的 40%。如果奴隶获释，人们担心他们涌入城市，导致廉价劳动力充斥。在 1860 年的总统大选中，纽约市民强烈反对亚伯拉罕·林肯，市长费尔南多·伍德（Fernando Wood）甚至提议将纽约脱离选

爱尔兰莫莉

来自弗吉尼亚的乔治·特拉塞尔（George Trussell）是芝加哥最富有、衣着最华丽的赌徒之一。他的心上人叫莫莉·考斯格里夫（Mollie Cosgriff）。两人相识时，莫莉还不过是个 14 岁的女佣。他们有一个非婚生孩子。后来莫莉成了一家妓院的老鸨，人称"爱尔兰莫莉"。

美国内战结束后，特拉塞尔买了一匹很有名气的赛马，名叫德克斯特。由于特拉塞尔在马厩里待的时间越来越久，莫莉变得越来越孤独。这种情绪在 1866 年达到了顶点，当时特拉塞尔请莫莉举办一次香槟晚宴来庆祝德克斯特获胜。莫莉尽职尽责地邀请了客人，可是特拉塞尔却没有出席，因此她感到非常丢脸。她仍然穿着白色的晚礼服，在一家酒吧找到了特拉塞尔，发现他就站在那里。莫莉走上前抱住他，从包里掏出一把手枪，朝着这个 32 岁赌徒的心脏开了一枪。"乔治！"她尖叫喊道，"你死了吗？"警察到达现场后，她请求最后再吻特拉塞尔一次，她的说法是："我为他放弃了一切。"

莫莉被控谋杀罪。不过她的枪莫名其妙地消失了，律师为她辩护，说她是"短时精神错乱"。她在监狱服刑几个月后被赦免。后来她搬到了加利福尼亚，讽刺的是，那里正好有一匹以她的名字命名的马。

1848 年欧洲革命

　　1848 年，共和主义的理想激发了几次反对君主政体的起义，不过都以失败告终。第一次起义发生在 1 月的意大利西西里岛，次月在法国，然后是奥地利和德国。起义主要集中在巴黎、维也纳和柏林。法兰西成立了第二共和国，但工人们并不满意，于是在 6 月又发动起义。各国军队迅速镇压了巴黎、布拉格、维也纳、柏林和罗马等地的起义者。德国、奥地利和意大利建立了强大的君主制国家，1852 年法兰西第二共和国前总统加冕为拿破仑三世。革命的积极成果则包括德国和意大利统一运动的肇始。

举，但他的提议遭到了反对。

　　暴乱的受害者被谋杀，尸体被暴徒在街道上拖行。官方公布的死亡人数是 119 人，但当地人说真实数字是官方统计的两倍甚至更多。在反对非裔美国人"抢走"他们工作的爱尔兰劳工的教唆下，暴乱分子烧毁了第五大道上的有色人种孤儿院和为非裔美国人提供服务的任何地方，从企业到公寓和妓院。暴乱一直持续到联邦军队抵达，但是许多非裔家庭却永远逃离了这座城市。

巴黎公社

　　1871 年法国于普法战争中战败后，在新政府应采取何种形式的问题上，出现了严重分歧。那年 2 月的大选选出了一个保守主义的国民大会（National Assembly），但巴黎人担心它会试图恢复君主制，于是投票支持激进的共和党人。由于担心出现最坏的情况，政府派出军队去撤走部署在巴黎的大炮。结果共和党人说服军队加入他们，并枪杀了两名将

上图：1871 年，巴黎公社的起义者设立了坚固的路障，但法国军队还是残酷地镇压了他们。

军。随着富裕的家庭逃离巴黎，起义者组建了他们自己的政府——巴黎公社。查尔斯·狄更斯应该会支持他们，因为他们提出为穷人提供食宿，并将每天的工作时间限制在 10 小时内。

在图卢兹、里昂和马赛等其他城市选举成立的公社很快就遭到了镇压，但巴黎公社组织了一场反对正在凡尔赛召开会议的国民大会的运动。5 月 21 日，政府军被派往巴黎清除反对派。巴黎公社的成员在街上设置了路障，烧毁了市政厅、司法宫和杜伊勒里宫（Tuileries Palace），还推倒了一座拿破仑雕像。在随后的"流血周"（5 月 21 日至 28 日）中，法国军队杀死了约 20000 名巴黎公社成员，自身损失约 750 人。随着巴黎公社的失败，政府逮捕了约 38000 名成员，监禁了约 10000 人，并将超过 7000 人流放到南太平洋新喀里多尼亚的劳动营。

谋刺女王

　　与欧洲其他地方不同，英国在维多利亚统治期间避免了一场严重的暴动。女王深受臣民爱戴，但仍遭到8次暗杀，超过英国历史上其他任何君主。第一次刺杀发生在1840年6月10日，当时怀孕的女王跟阿尔伯特亲王一起，坐着敞篷马车在海德公园里，18岁的爱德华·牛津（Edward Oxford）朝女王开了两枪，结果打偏了，随后被人群击倒。第二次是1842年5月29日，约翰·弗朗西斯（John Francis）用手枪瞄准了坐在马车里的女王夫妇，但没能开枪，后来消失在了格林公园。第二天他故技重施，结果却没能击中，警察很快就逮捕了他。五周之后，7月3日，17岁的约翰·威廉·比恩（John William Bean）试图向停在林荫大道的女王的马车开枪，但枪却哑火了，当时他虽然逃脱，但后来在家中被捕。1849年6月19日，爱尔兰移民约翰·汉

> 下图：1840年6月10日那个周三的傍晚，爱德华·牛津开的两枪都没打中，维多利亚女王躲过一劫。

密尔顿（John Hamilton）在女王和 3 个孩子一起骑马时向女王开枪，但他的枪里只有火药而已，所以没能构成威胁。1 年后，1850 年 6 月 27 日，因为精神问题出名的罗伯特·帕特（Robert Pate）走近女王的马车，用手杖击打她的额头，导致女王留下了瘀伤和黑眼眶。1872 年 2 月 29 日，17 岁的亚瑟·奥康纳（Arthur O'Connor）爬过白金汉宫的栅栏，在离

女王的保镖

上图：约翰·布朗让维多利亚女王得以安享晚年，英国王室称他为"女王的骏马"。

约翰·布朗是维多利亚女王的男仆，曾在一次暗杀中救了女王。女王的丈夫阿尔伯特亲王于 1861 年去世后，布朗成了她的知己。在他们 20 年的交往中，这个态度生硬、蓄着胡须的苏格兰人在公开场合始终相伴在女王左右。他们一起乘坐马车时，穿着苏格兰短裙的布朗是为女王遮挡伦敦街头危险的屏障。他甚至睡在女王卧室旁边的房间里。宫廷圈内盛传他们有染，甚至说两人1868 年去瑞士结了婚。

1883 年布朗去世后，维多利亚女王写信给一位大臣，说她多么怀念"亲爱的忠实朋友的强壮臂膀"，并补充道："也许历史上从未有过如此强烈和真实的依恋，君主和臣仆之间如此温暖而又充满爱的友谊……性格的力量和体魄的影响——最无畏的正直、善良、正义感、诚实、独立和无私，再加上温柔体贴的心灵……使他身居卓越人士的行列。"女王临终留下遗言，把布朗的一缕头发连同他的照片、手帕和一些信件跟她一起下葬。阿尔伯特亲王的一些遗物也随她安葬在了一起。

女王 1 英尺的地方朝她举起手枪，但被女王的贴身男仆约翰·布朗（John Brown）制服。1882 年 3 月 2 日，另一名精神失常的男子罗德里克·麦克林（Roderick Maclean）在女王乘坐马车离开温莎火车站时，想要向她开枪，但被伊顿公学的学生拦下，最后他被警方逮捕。

　　根据各自的精神状态，刺客们的刑罚差别很大，有的被关进精神病院，也有的被流放。约翰·弗朗西斯的刑罚最重，原本被判处绞刑并开膛示众，但维多利亚女王将其改为终身流放。她对这些暗杀行为的看法很达观："遭到枪击也值得，因为由此能看出自己多么受人爱戴。"

第 **4** 章

流行病

维多利亚时代的人们经历了城市发展过程中一些更为严重的流行病，但也在医学和城市清洁方面取得了长足的进步。然而，直到 19 世纪后半叶，精神疾病仍没被正确认识，而治疗手段则很原始。

这是一个城市群体几乎对各种疾病都无能为力的时代。即使可以确定疾病的源头，政府往往也是行动迟缓或无力采取行动。1848～1849年，伦敦暴发了致命的霍乱疫情，导致14137人死亡，1853年10738人死亡，到这时政府才终于采取行动。政界人士想方设法保证城市的污水池得到清理，下水道得到重建，形成一个至今仍在发挥效用的系统。英国的其他城市也遭遇了同样的命运，1854年，泰恩河畔的纽卡斯尔暴发了霍乱疫情。霍乱也在美国肆虐，比如1832年就曾在纽约市和俄亥俄州的辛辛那提市暴发疫情。

右图：这幅速写把霍乱画成"死神"，它正从地下抽出可能已经遭到污染的生活用水。

章前图：男子济贫院的晚餐时间。在那里，穷人和老人除了得到食物外，还要接受道德和宗教方面的教化。

其他国家拥挤的城市中聚集了各种疾病新的受害者。黑死病经常在全球引发恐慌，日本、印度、伊朗和埃及的人都深受其害。天花流行则波及美国、加拿大、澳大利亚、南非、埃塞俄比亚和苏丹。美国南部新奥尔良和孟菲斯这样的城市中，有许多人死于黄热病。

在维多利亚时代，医生们都努力治病救人，控制流行病。1838 年，查尔斯·狄更斯在描述肺结核时表示，肺结核是"一种可怕的疾病""药物无法治愈""有钱人也逃不掉"。不过医学也在几个方面取得了进展。19 世纪 50 年代，法国化学家路易斯·巴斯德发现微生物会引发感染和疾病，于是发展了疫苗接种和如今被称为巴氏杀菌的流程。1867 年，受到这些发现的影响，英国外科医生约瑟夫·李斯特首次使用了灭菌剂。19 世纪 80 年代，德国医生罗伯特·科赫（Robert Koch）确定了霍乱和肺结核的细菌病因。1892 年，霍乱疫苗问世。后来，又研究了斑疹伤寒、破伤风和鼠疫的病因和治疗手段。1895 年，德国物理学家威廉·伦琴发现了 X 射线，这改变了医学诊断的方式。

下图：英国外科医生约瑟夫·李斯特（中）监督助手喷洒杀菌用的石炭酸。

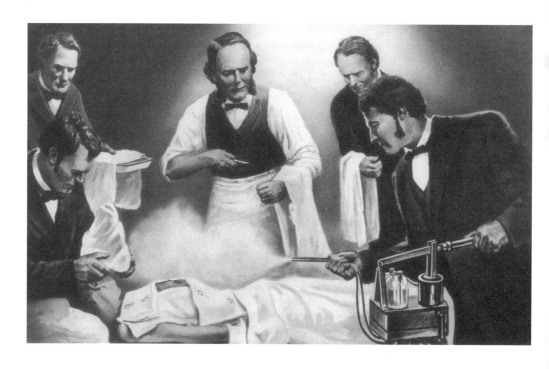

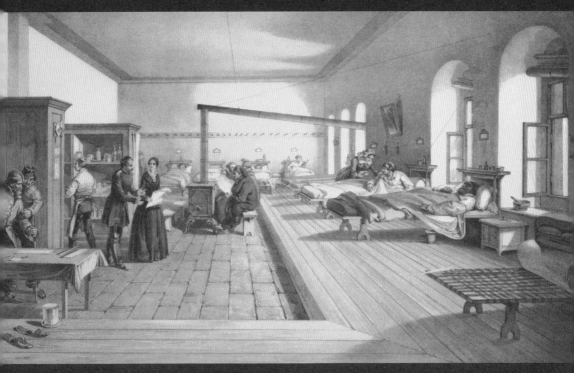

上图：19 世纪 50 年代中期，弗洛伦斯·南丁格尔在斯库塔里的战地医院开始倡导卫生运动。

无处不在的危险

　　1858 年，伦敦是世界上人口最多的城市，约有 232 万居民。当时中产阶层男性的平均预期寿命为 45 岁，不幸的儿童往往不到 5 岁就夭折。遭受各种疾病困扰的民众将问题归咎于"瘴气"，因为空气中的有害气体让人感觉非常难闻。这种看法得到了医生和护士的认同，其中就包括弗洛伦斯·南丁格尔。她幸运地得出结论，彻底的清洁和新鲜空气可以消除异味、预防疾病。她认为医院也会制造"瘴气"，所以坚持要求使用通风的病房和开放式阳台。街头的江湖医生针对穷人有不同的治疗方法，他们靠销售药物蒸汽来"治疗"肺结核。

　　江湖医生的蒸汽理论是错误的，但却让民众注意到了城市当中引发疾病的污浊空气。1848 年、1849 年和 1853 年，霍乱在伦敦肆虐。在 1858 年那个闷热的夏天，"大恶臭"迫使国会议员们出资支持一个大型工程项目，新建了一个 83 英里（约 134 公里）的下水道系统。它将旧系统中的污水引入新的低水位下水道，然后沿着泰晤士河两岸，把污水输送到伦敦以东新建的污水处理厂，最后泵入大海。

　　一个人并不是待在家里就接触不到危险。在

下图：图中描绘了维多利亚时代普通家庭可能面临的难题，包括砷、老鼠、蟑螂、浓烟，甚至还有需要支付的许多税款和账单。

维多利亚时代，有许多人因为家庭壁纸绿色染料中的砷而中毒。1857年，伯明翰的医生威廉·希德（William Hinds）就这种色素发出警告，他指出："英国正在发生大量的慢性中毒事件。"来英国访问的一位贵宾生病之后，维多利亚女王让人剥掉了白金汉宫的绿色壁纸。著名的墙纸设计师威廉·莫里斯（William Morris）不同意这一观点，他称砷恐慌是歇斯底里的一个例子（因为他家开采砷矿，是砷的主要生产商）。这种有毒染料也被用于衣服和儿童玩具。事实上，住房当中到处都是砷，化妆品中把砷用作一种粉剂，砷还被人们用来除去多余的毛发、杀死老鼠和苍蝇。

肮脏的街道

在维多利亚统治期间，漫步伦敦街头鲜有乐趣。首先，19世纪90年代大约有30万匹马为伦敦马车提供动力，这些马每天要向已经肮脏的街道"贡献"至少1000吨粪便。此外，散养的猪和羊也各有"贡献"。小男孩儿们被雇来处理这些粪便，以防车轮碾压，但这是一项不可能完成的任务。马尿也使得街道湿漉漉的。赶着马车的垃圾清运工偶尔会经过，但他们通常期望得到一些小费，才会去清除屋外的垃圾。在贫民窟，有时候居民会在街道的栅栏一侧排便，而不是去肮脏的厕所，这种情况下问题就更严重了。1859年，查尔斯·狄更斯在自己的周刊《家常话》（*Household Words*）中，在描述诺丁山附近的一个区域时写道，"那里有肮脏的沟渠、敞开的下水道和不畅的排水沟，气味非常刺鼻"，而且"全都是腐烂的味道"。

厕所系统

维多利亚时代的粪池都是小型的砖砌粪池，深约6英尺（约1.8米），宽约4英尺（约1.2米）。农村的粪池都离住宅较远，但在伦敦和其他拥挤的城市，粪池只能安置在每栋房子的地下室。粪池上面就是这个家里的厕所，这种基本的配置还算可行，尽管有气味相伴。

约瑟夫·巴扎尔吉特

1856 年，约瑟夫·巴扎尔吉特（Joseph Bazzalgette）被任命为伦敦新成立的都市工作委员会的首席工程师。当时的泰晤士河实际上是各种冲水厕所的开放式下水道。为了克服 1858 年的"大恶臭"，他修建了长达 1100 英里（约 1770 公里）的街道下水道，来排放未经处理的污物。在那些污水管下面，他又安排人用 3.18 亿块砖修建了 83 英里（约 134 公里）长的下水道。这些下水道将废水引到河中，然后由潮汐送入大海。

第一阶段的工程于 1865 年竣工，但霍乱在第二年又卷土重来。该排污系统仍将成吨未经处理的污水排入泰晤士河。1878 年，一艘游船在下水道出口附近沉没，640 名乘客死亡，其中有许多人是被泰晤士河的污水毒死的。巴扎尔吉特通过一系列污水处理厂解决了这个问题。借助这种手段，该系统大大降低了伦敦人的发病率和死亡率，可怕的霍乱也得以消灭。

巴扎尔吉特最具突破性的方案是建造命名为维多利亚、阿尔伯特和切尔西的泰晤士河河堤，以容纳河流沿岸的下水道。

这使得泰晤士河窄了 50 码（约 46 米），但却让河水变得清洁。维多利亚女王授予巴扎尔吉特爵士爵位，以表彰他完成了可能是当时世界上最大的土木工程项目。这项工程于 1885 年动工，花了近 20 年才完成。

粪池是镂空的设计，这样液体废物就可以渗出，其他废物则留在里面，由"掏粪工"清走。按照法律规定，他们要到午夜才能开始工作。清运小组的"绳索工"负责把木桶或柳条篮放下去，交给爬到坑里的"坑洞工"，由他把粪便铲进去，这是最脏最累的工作。然后再由两个"粪桶工"把木桶或柳条篮装上手推车，卖给农民作为肥料。清运小组的工作非常辛苦，很容易发生事故，粪池中的气体会导致疾病，甚至会因为窒息引发死亡。

19世纪中叶，抽水马桶开始流行后，这个系统出现了问题。把抽水马桶跟污水池连为一体似乎是合理的，但是马桶冲水太多，会导致下面有废液溢出。臭烘烘的液体浸透了地下室，然后恶臭变得难以忍受，渗透到每个房间，而且浊气上升还带来了霍乱、伤寒等疾病。当马桶直接与下水道相连时，这个问题才最终得到缓解。

霍乱王

纵观历史，霍乱的暴发曾夺去无数人的生命。1832年，维多利亚女王登基5年前，霍乱袭击了英国，在伦敦造成6536人死亡，全国死亡人数超过55000。人称"霍乱王"的这种疾病在1848年至1849年间卷土重来，导致伦敦14137人死亡。1853年，霍乱导致伦

右图：《笨拙》杂志1852年的这幅漫画描绘的是大街上一群人围着一堆垃圾——这是霍乱的一个源头。

A COURT FOR KING CHOLERA.

敦 10738 人死亡，在英格兰和威尔士造成约 52000 人死亡。

这只是始于 1852 年的全球大流行的一部分，当时俄罗斯的死亡人数超过 100 万。随着疾病在全球蔓延，日本、印度、朝鲜、菲律宾、伊拉克、伊朗、突尼斯、美国和其他国家又有数百万人死亡。

霍乱是一种令人恐惧的疾病，会导致腹泻、呕吐、胃痉挛、四肢疼痛和严重脱水，并可能在症状出现后数小时内死亡。医生认为，霍乱是由于"瘴气"环境，尤其会影响那些身体素质差、精神虚弱的人。医生的治疗毫无章法，包括放血疗法或吸食鸦片。许多骗人的药师会出售以白兰地为原料的制剂，比如雷默的秘鲁滋补液（Peruvian Tonic Drops）。

下图：罗伯特·科赫发现了引发霍乱的细菌，从而获得了 1905 年诺贝尔生理学或医学奖。

1883 年，德国医生罗伯特·科赫发现霍乱的根源是一种微生物，明确了这种疾病具有传染性。1854 年，伦敦医生约翰·斯诺（John Snow）通过实际调查得出了同样的结论。他注意到苏活区在 10 天内暴发的霍乱已造成 500 多人死亡，他追根溯源，找到了布罗德街的一个水泵，然后要求有关部门拆除了手柄。死亡人数很快降了下来。后来政府官员开始指责家庭垃圾问题，要求伦敦居民清除家中的粪堆和液体污物，居民将污水池和其他未经处理的污物倾倒进了泰晤士河，结果情况变得更加糟糕。到 1885 年，伦敦新建的污水处理系统使得城市变得更加安全，俄罗斯医生瓦尔德马尔·哈夫金（Waldemar Haffkine）则在 1892 年研制出了霍乱疫苗。

肺结核

19 世纪中期，当时被称为肺痨的肺结核在英国、欧洲大陆和美国发展到了流行病的程度。由于通过空气传播，而且具有高度传染性，肺结核导致维多利亚时代的小说家夏洛蒂·勃朗特（Charlotte Brontë）的 7 名家人病亡。在查尔斯·狄更斯的时代，肺结核在伦敦很流行，尤其是在穷人中间，因为他们营养不良，生活在拥挤的社区，住在通风不良的房子里。1851 年至 1910 年间，英格兰和威尔士约有 400 万人死于肺结核，其中一半是 20 ～ 24 岁的年轻人。

由于没有抗生素，身患这种可怕肺部疾病的患者只能待在疗养院里一天天地衰弱下去。维多利亚时代的人们把这种疾病称为"白色瘟疫"，因为受害者皮肤苍白。维多利亚时代的作家把这种现象做了浪漫化处理。美国作家埃德加·艾伦·坡（Edgar Allan Poe）的妻子维吉尼亚患肺结核临终时，他对妻子的描述是"优雅、病态的天使"。也有一些人认为肺结核患者看起来就像被"吸血鬼"咬过。

在 19 世纪，肺结核病并没有真正有效的治疗方法。医生有时候给病人放血、清洗身体，建议他们休息，到健康的气候下去呼吸清洁的空气，比如到山区居住。跟霍乱一样，人们也认为肺结核是由污浊的空气引起的，直到 1882 年罗伯特·科赫发现了引发这种疾病的细菌。这一发现催生了一种新的肺结核治疗方法，推动了人们发起拒绝在公共场所吐痰的运动，要求把肺结核患者安置在通风良好的疗养院里几个月或几年。1860 ～ 1895 年，英格兰和威尔士的肺结核死亡人数减少了 39%，尽管直到 1946 年，人们才发现抗生素药物链霉素可以治愈肺结核这种疾病。

水电治疗腰带

1870 年，因为腿部疼痛，查尔斯·狄更斯订购了最新的流行器械来治疗。这种器械是物理学家艾萨克·普尔弗马赫（Isaac Pulvermacher）销售的，1851 年在伦敦水晶宫的万国博览会上推出，用一条在醋中浸泡过的串联着许多电池的腰带连接到皮肤上的电极来治病，欧洲和美国有大约 5 万人曾经用过。它能发送一股轻微的振动波来治疗许多疾病，比如抑郁、疲倦、头疼、心悸、痔疮、腹泻等。

"万灵药"

在维多利亚时代，滥用毒品在世界大部分国家都是轻而易举的事。1868 年《药房法》（Pharmacy Act）颁布之前，英国的药店一直对销售药品没有任何限制，而在此之后，这种做法也大致普遍存在。各个社会阶层的人都使用毒品，一般都认为这是一种习惯，而不是一种成瘾的行为。酒精也是药物中的常见成分，甚至在治疗肾脏和肝脏疾病的药品中也是如此。

鸦片酊是鸦片衍生物与水或葡萄酒的混合物，当时非常受欢迎，每家每户都拿它当作止痛药服用，不管是咳嗽还是心脏病，甚至任何疾病都用到它。鸦片酊受到塞缪尔·泰勒·柯勒律治（Samuel Taylor Coleridge）等作家的欢迎，塞缪尔在吸食鸦片酊后做了一个情节很丰富的梦，然后写下了著名的诗篇《忽必烈汗》（*Kubla Khan*，出版于 1816 年）。吸食鸦片酊的作家还包括查尔斯·狄更斯、伊丽莎白·巴雷特·勃朗宁（Elizabeth Barrett Browning）、乔治·艾略特（George Eliot）、拜伦勋爵、珀西·比希·雪莱（Percy Bysshe Shelley）和布拉姆·斯托克（Bram Stoker）。

即使在大英帝国的遥远角落里，鸦片也很容易入手，所以逐渐演化出了一副"浪漫"形象。1821 年，托马斯·德昆西（Thomas De Quincey）写下了著名的《一个英国瘾君子的自白》（*Confessions of an English Opium-Eater*），称颂鸦片对创造力的影响。鸦片也被作为一种万灵药，混到各种合剂中，甚至用到"母亲之友"这样的专利药物中，用作儿童的镇静剂——尽管有时会导致儿童丧生。伦敦东部那些景况凄惨的鸦片烟馆就不那么浪漫了。奥斯卡·王尔德（Oscar Wilde）在 1891 年的小说《道林·格雷的画像》（*The*

下图：19 世纪初，酒精成分占 47% 的利德比特牌鸦片酊在美国非常畅销。

Picture of Dorian Gray）中描述了那些地方的凄凉景象："那里有鸦片馆，可以出钱买个忘乎所以，有罪恶的渊薮，可以不顾死活地干新的坏事来消除记忆中旧的劣迹。"

可卡因作为成分混合在药剂中销售，宣传的效果是可以减轻消化不良、缓解孕期呕吐，并以滴剂和含片的形式服用，可治疗感冒和牙疼。法国的一款马里亚尼葡萄酒是加了古柯叶制成的，据说饮用后有助于恢复健康，赢得了维多利亚女王和鲁迪亚德·吉卜林（Rudyard Kipling）等人的认可。甚至家政方面的权威人物比顿夫人在 1861 年出版的《比顿夫人的家政管理》（*Mrs Beeton's Household*）一书中，也建议将其用于家庭治疗，但她警告人们不要上瘾。

当时许多药物中都含有吗啡，比如用于治疗婴儿出牙问题的温斯洛夫人舒缓糖浆，以及用于治疗从咳嗽到疟疾的各种疾病的塞思·阿诺德博士止咳药。

下图：温斯洛夫人舒缓糖浆被戏称为"婴儿杀手"，有人认为数千名婴儿死于过量使用这种药物。

绦虫减肥法

在19世纪，时尚型饮食变得非常火爆。维多利亚时代的一些女性认为，只要服下绦虫药片，等绦虫在肠道内成长起来就可以消耗食物，从而帮助人体减肥。达到减肥效果后，可以再服药杀死绦虫，最终将其排出体外（带有一些副作用）。这种让人感觉很不适的减肥方式在宣传时并没有提到的是，绦虫可能会长到30英尺（约9米）长，而且会引发癫痫和脑膜炎等疾病。

维多利亚时代另外一些不同寻常的食谱包括"奇迹"牌砷药丸、每日饮醋等。尽管会导致腹泻和呕吐，拜伦勋爵还是一度坚持每天喝醋。

不健康的时尚

维多利亚时代的妇女在经历了几种类型的衣着痛苦后，在19世纪末才略微舒适些。早期的宽喇叭形衬布环裙穿上后非常笨拙，而且易燃的织物靠近敞开的壁炉时有着火的危险。这种裙子里面套着六件甚至更多马毛做的衬裙，或者用藤条加固，是一件很重的负担。更痛苦的是，紧身胸衣的设计是为了使腰部显得苗条，这也经常导致晕厥以及脊椎和肋骨的变形。另一个危险是绿色砷染料的流行。《英国医学杂志》（*British Medical Journal*）这样描述维多利亚时代的女性："实际上她的衣裙中所含的毒物足以杀死她在六个舞厅里可能遇到的所有崇拜者。"

1870年，这种时尚又被取代，女性身体的正面看起来不那么丰满了，但后面却带着一个柔软而庞大的裙撑，到1883年，裙撑则又变得不再柔软。这种凸起

前页图：裙撑在当时非常流行。1862年，伦敦的一家公司雇用2000名工人，每天生产4000个金属裙撑。

的形状是为了突出苗条的身材和胸部以下的曲线。到19世纪90年代中期，这些特点都消失了，因为长喇叭裙和细腰开始流行。年轻些的女性穿着风格更为休闲，更大胆一些的女性甚至穿适合她们活跃生活的灯笼裤，因为女性现在已经开始骑自行车。这种维多利亚风格着装的终结被认为是女性解放的重要一步。

穷人的糟糕饮食

维多利亚时代的贫民窟居民营养不良，赖以为生的食物往往导致各种健康问题。贫民家庭主要靠面包、粥、骨头熬的汤和茶生存。其他的常规食物包括猪油、羊蹄、内脏、牛肚、土豆皮和烂蔬菜。有时还有病死动物的肉，比如病死羊的肉。穷人家中很少有人有炉子，不得不吃冷饭或在明火上做饭，一家可能只有一口锅，这锅还要用来给婴儿烧洗澡水。饮食如此糟糕，儿童往往会贫血、患佝偻病，影响他们的生长发育。

对接受劳动改造或关在监狱里的人来说，情况更糟。饮食中有时有几根肉丝，但却没有蔬菜。食物通常是不新鲜的面包、剩饭菜、稀薄的粥或汤。在英国的监狱里，直到1842年，人们都认为糟糕的食物是一种适当的惩罚方式。新入狱的囚犯往往有一段"科学饥饿"的时间，以免他们为非作歹，同时还可以阻止穷人仅仅为了吃牢饭而犯罪。

所有这些都与那些更舒适的家庭形成对比，后者的饮食包括肉类、优质蔬菜和新鲜牛奶。因为饭菜不含糖（直到19世纪70年代，英国仍对糖课以重税）和加工食品，他们的饮食比我们现代大多饮食都更健康。维多利亚女王是个例外，她可以在30分钟内吃完7道菜。

上图：济贫院的女性住处拥挤不堪，甚至在吃那些糟糕的食物时都处于人挤人的状态。

孟买疫情

1896 年，黑死病袭击了人口过度拥挤的印度孟买市。当年 10 月至次年 1 月，官方记录的死亡数字是 3148 人。许多家庭逃离孟买，导致疾病蔓延到城外，结果该市原本约 85 万的人口减少了一半。

英属印度政府借助殖民地国家的权力，采取了严厉的限制措施来控制疫情，包括强制疏散和隔离、设立患者家属隔离营、限制旅行和住院治疗等措施。这些措施引起了当地印度人的极大不满，并引发了暴乱。有些印度人不相信西医，散布谣言称医生想给病人下毒，然后用他们来做实验，并从病人的身体中提取一种有价值的油。

瘟疫蔓延到加尔各答、卡拉奇和普纳等城市，然后蔓延到农村，印度政府采取了更为温和的措施，引入印度的治疗方式，并敦促民众接种非强制性的疫苗。一位名叫瓦尔德马尔·哈夫金的俄罗斯医生赶到孟买，迅速研制出一种有效的瘟疫疫苗。但许多当地人认为注射疫苗会导致阳痿、不育甚至死亡。尽管如此，印度和俄罗斯两种文化之间的医学合作引发了英属印度公共卫生领域的持久重组。

阿南迪白·乔希

1883 年，18 岁的阿南迪白·乔希（Anandibai Joshee）离开印度，成为在美国学医的第一位印度女性。她写信向美国长老会寻求帮助，但遭到了拒绝，因为她不肯改变自己的信仰。尽管如此，她赢得了印度社会的支持，并卖掉了自己的首饰以支付学习费用。她就读于宾夕法尼亚大学女子医学院，并于 1886 年毕业。不幸的是，她在毕业前感染了肺结核，一年后在印度去世，年仅 21 岁。她的梦想没能实现，但乔希的故事却激励着许多印度女性投身医学事业。

上图：9 岁时，阿南迪白·乔希（左）嫁给了一个比她大 20 岁的鳏夫，正是他鼓励她到美国学医。

瓦尔德马尔·哈夫金

这位医生以拯救数千名印度民众于瘟疫而著称。1892 年，他在巴黎的巴斯德研究所（Pasteur Institute）取得医学上的首次突破。瓦尔德马尔·哈夫金发明了一种霍乱疫苗，他首先在自己身上进行了试验。第二年，他在加尔各答为 4.5 万人接种了疫苗，结果霍乱死亡率下降了 70%。在加尔各答，他侥幸逃过了极端分子的暗杀。

भारत INDIA

Dr.W.M.HAFFKINE
1860 - 1930
INDIA SECURITY PRESS

15
nP
न.पै.

上图：1964 年，印度发行了一枚纪念邮票，纪念哈夫金医生（生于 1860 年）诞辰 104 周年。

哈夫金是 1896 年移居孟买的，当时孟买正被瘟疫包围。他用了不到 3 个月的时间，研制出了一种疫苗。和霍乱疫苗一样，他第一次给自己注射的剂量是后来给病人注射剂量的四倍。英国当局对此表示欢迎，但却对哈夫金与印度人的亲密关系表示怀疑。他们拒绝了他的呼吁，不肯取消对接种疫苗之人的糟糕限制。

1915 年，哈夫金离开印度，定居法国。他的霍乱疫苗曾在世界各地接种，1898 年俄罗斯也用他发明的疫苗拯救了数千名他的同胞，不过因为他是犹太人，俄罗斯不肯接纳他。1925 年，为了纪念他，他在孟买的研究所以他的名字命名。英国著名医生约瑟夫·李斯特把这位了不起的哈夫金称为"人类的救世主"。

颅相学

广告称颅相学是"唯一真正的心理科学"。许多人相信，颅相学专家可以通过观察人头盖骨的隆起和形状，发现大脑不同区域的发展历程。这种观点依据的假设是，大脑由不同的"器官"组成，这些"器官"控制着某些功能。这种矫饰的信念在当时非常有影响力，甚至有些雇主要求颅相学专家来判断求职者的能力和诚信情况。还有人将其用于判读教育前景，了解犯罪倾向。发展到最后，这门"伪科学"还被用来"证明"民族和种族差异。

19 世纪 20 年代，颅相学首先在英国流行，30 年代时在美国和法国变得更加流行，到 19 世纪 40 年代在德国也流行起来。许多拥护者出身显赫。颅相学最忠实的追随者在美国，因为支持者们说他们有可能强化大脑的积极器官。根据科学史家约翰·范·怀赫（John van Wyhe）的说法，到维多利亚时代晚期，颅相学的狂潮变得不再受欢迎，不再流行，人们也不再相信，因为他们更了解真正的科学。然而这种信仰却死而不僵，因为英国的颅相学协会一直坚持到 1967 年才解散。

福勒兄弟

洛伦佐·福勒（Lorenzo Fowler）和奥森·福勒（Orson Fowler）兄弟二人对颅相学的商业化发展"贡献"最大。他们在 19 世纪 30 年代开发了颅相解读技术来改善大脑，并销售相关设备。在他们位于纽约市的心理研究所，他们收集人类头骨，并出版《美国颅相学杂志》（*American Phrenological Journal*）。洛伦佐的妻子莉迪亚是第二位获得美国医学学位的女性。她也帮人解读颅相，包括查尔斯·狄更斯和埃德加·艾伦·坡这样的知名作家。1863 年，福勒一家在伦敦设立了办事处。幽默讽刺作家马克·吐温曾化名来做颅相解读，结果洛伦佐却告诉他，他头上的一个凹处表明他缺乏幽默感。

上图：哥哥奥森·福勒在马萨诸塞州阿姆赫斯特学院求学期间，成了颅相学的信徒。

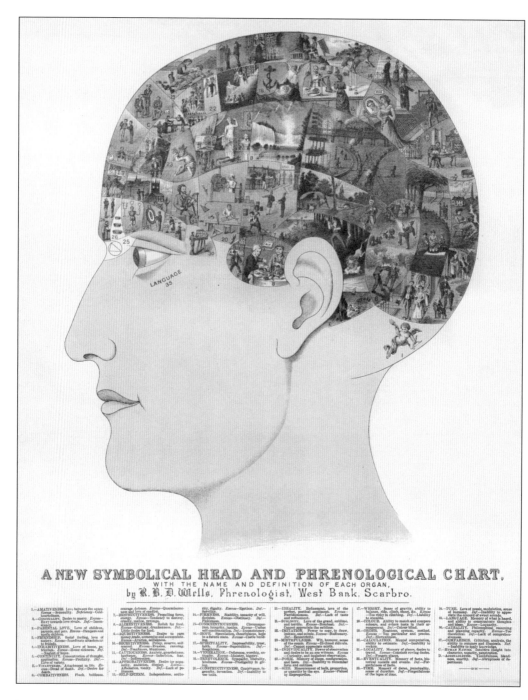

上图：颅相学的最初应用包括检查监狱里的犯人和精神病院病人的头部，看他们是否异于常人。

"专利"药物

在维多利亚时代后期,销售不可靠的非处方药成为美国的一项大生意。这些药品由一群自称"教授"甚至"博士"的江湖郎中带队在巡回药品展上兜售。药品的主要目的是制造疾病,而不是治愈任何疾病。不过这些人至少把娱乐带到了美国的边远地区。典型的巡回药品展上往往会有体面的音乐厅风格的娱乐,以吸引马车周围的人群。接下来,表演者就开始推销自己的神奇药剂,说可以治疗观众的病痛或者在他看来观众肯定患有的某种疾病。有些药品展非常受欢迎,他们还租用演出大厅,收取入场费。规模最大、业务最成功的是基卡普印第安医药公司,他们的药油据说可以"快速治愈各种疼痛"。演出的娱乐项目包括战争舞蹈、狗狗表演、口技、杂技和吞火等。到1890年时,该公司已雇用了800名印第安人,有接近100个团体同时在全国各地开展巡回药品展活动。

所谓的"专利"药物几乎从未真正获得过专利。这些药物一开始在英国被称为"皇家专利",然后出口到各个殖民地。在英美两个国家都取得巨大成功的一种药物叫"穷人之友"。美国人很快就发现,他们自己用瓶子充装药水成本更低。他们给这些药物起了带有异国风情或描述性的名字,比如"赖特的印第安蔬菜丸"宣称能"清除体内各种障碍",并"让整个人体系统活力充沛"。有些专利药物是合法的,而且至今依然有售,比如现在仍在销售的维克斯达姆膏就是昔日的理查森臀和肺炎治疗膏。

下图:赖特的印第安蔬菜丸宣称能帮助孕妇"清除体内各种障碍"。

精神疾病

维多利亚时代的人们把精神疾病分为躁执、偏执、痴呆、忧郁、智障等。他们认为精神疾病的主要原因是遗传、环境和道德品质薄弱。特别令人关注的是，工人涌入人口众多的新城市后，被引诱着摆脱农村家庭生活的道德约束。酒精、毒品和滥交等诱惑会让人堕落，导致道德品质薄弱的人进入精神病院。许多精神病院是19世纪建造的，因为当时精神病人的数量从约1万人增加到10万人左右。除了提供基本的治疗之外，这些医院也是将行为不可接受的人从公众视野中排除的一种途径。精神病人中有许多"疯女人"，患有"歇斯底里症"，而在医生看来，往往都是跟性有关。妻子的不忠有时候被称作"精神错乱"。

只要能说服两名医生签发精神错乱证明，任何人都可能被关进精神病院。精神病院的经营方式就像监狱，实际上病人也确实被称为犯人。除精神病患者外，精神病院通常还收容那些行事古怪的人，或者对他们的家庭来说是一个麻烦的人。患者分为可治愈和不可治愈两类。除了提供住宿和食物，后者很少接受其他治疗方式。受惊的病人可能一天中大部分时间都被绑在椅子或床上。苏塞克斯精神病院甚至把囚犯锁在一个铁丝网做的大"鹦鹉笼"里。精神病院里不守规矩的病人会遭到殴打、挨饿、被迫穿上紧身衣、被隔离，并服用溴化物这样的镇静剂。

1870年，伦敦精神病院开张时，它强调道德治疗，希望病人能重返社会。当时的治疗方案是基于维多利亚时代工作、锻炼、休闲和健康饮食的价值观。病情不太严重的患者可以照料花园，欣赏园中美景。但因为人员拥挤，治疗效果受到了影响，而且据精神病院负责人的

上图：在维多利亚时代，有许多人被误诊为疯子。实际上精神病院的糟糕条件和经常性的单独关押确实会引发精神问题。

说法，检查员的控制"过于军事化，让人难以忍受"。1886 年，议会通过了《智力缺陷者法》（Idiots Act），将智力低下的人与真正有精神问题的人区别对待，而且修建设施以"照顾、教育和培训智力缺陷者和低能者"。

贝德莱姆医院

"贝德莱姆"是贝德莱姆皇家医院（Bethlehem Royal Hospital）的常用名，这家医院因治疗精神疾病的重度患者而臭名昭著。1330 年，该医院作为一家综合医院在伦敦的主教门区开张，1403 年该院开始收治"疯子"，成为英国第一家精神病院。贝德莱姆医院售票允许公众现场观看，甚至可以取笑精神病人和他们的滑稽行为。1675 年，该院迁至伦敦的摩尔菲尔德地区，并于 1770 年取消了允许公众参观的做法。1815 年，该院再次搬迁，搬到了南华克的圣乔治球场。病人遭受的虐待包括殴打、挨饿、穿紧身衣、用链子拴在墙上、接受"旋转疗法"等。接受"旋转疗法"时，受害人坐在椅子上被抬到空中，然后旋转几个小时。

尽管英国政府在 19 世纪初就禁止医院虐待精神病人，但维多利亚时代的许多人仍然认为精神病人是怪胎。1867 年，评论员约翰·廷姆斯（John Timbs）写道："这里对疯子的管理已经达到完美的境界。"然而，女性仍可能因产后抑郁症或者甚至因为丈夫希望摆脱她而被关起来。犯法的精神错乱者中包括差点儿暗杀维

下图：19 世纪末期，贝德莱姆医院的条件有所改善，病人有了更多的室内和室外活动空间。

贝德莱姆医院的精神科医生

亚历山大·莫里森爵士（Sir Alexander Morison）是维多利亚时代的一位精神科医生。他生于爱丁堡，后来成了心理治疗方面的先驱，是最早在这个领域正式做过报告的人。他曾经是萨里精神病院检查员，1835年，他开始担任贝德莱姆医院的医生。3年后，他被封为爵士。苏格兰国立美术馆里挂着一幅莫里森的肖像。作画的理查德·达德（Richard Dadd）就是莫里森在贝德莱姆医院的病人，他曾经因为视父亲为魔鬼而杀死父亲被关押。

多利亚女王的爱德华·牛津和因为向乔治三世开枪而被监禁39年的詹姆斯·哈德菲尔德（James Hadfield）。直到1890年，贝德莱姆医院的病人还是被列为"囚犯"；在那一年，议会将他们的身份改为"病人"。

歇斯底里

歇斯底里是当时第一种被认为只有女性才会得的精神疾病。在维多利亚时代，人们把这种失调与脆弱的女性情绪联系在一起，许多女性外出旅行时会携带一瓶嗅盐，以防兴奋使她们感到头晕或晕厥。据说，女性行为不稳定的其他症状是暴躁、易怒、焦虑、紧张和性幻想。在维多利亚时代，人们认为女性不该享受性生活，这导致她们出现性挫折。医生们借助"盆腔按摩"来治疗她们的歇斯底里［歇斯底里（hysteria）这个英语单词来源于希腊语中的"子宫"（uterus）一词］。19世纪80年代末，英国医生约瑟夫·莫蒂默·格兰维尔（Joseph Mortimer Granville）为一种能缓解这种精神障碍的机电振动器申请了专利。

严重的不道德行为或其他可耻的行为也可能被记录为精神疾病，从而导致入住精神病院。由于维多利亚时代人们认为女性的情感与女性生殖器官有关，所以在女王统治期间，精神病院的医生经常会给女性切除子宫。

弗洛伊德

尽管奥地利神经学家西格蒙德·弗洛伊德（Sigmund Freud）成为20世纪最著名的精神分析学家，但他最早取得成功却是在19世纪90年代治疗歇斯底里症期间。另一位维也纳医生约瑟夫·布洛伊尔（Josef Breuer）通过让一位女患者在催眠状态下回忆早期的不愉快经历，缓解了她的症状。他把这件事告诉了弗洛伊德，并把病人介绍给他。1895年，两人合作出版了《歇斯底里研究》（*Studies on Hysteria*）一书。在对治疗方法产生分歧后，他们后来停止了合作。弗洛伊德发现大多数病人不需要在催眠状态下也可以谈论早期的经历，1896年他创造了精神分析（psychoanalysis）这个术语。

在诊室里治疗女性歇斯底里症的过程中，弗洛伊德意识到，她们的无意识思想和神经质症状是由压抑的性冲动或性经历引起的。到1897年，他得出结论，病人的记忆并非真实发生的事情，而是被抑制的童年时代被成人诱奸的性幻想。两年后，他出版了《梦的解析》（*The Interpretation of Dreams*）一书，指出梦是人们以想象的方式实现真实欲望的一种宣泄。

下图：两人合著的《歇斯底里研究》一书中有5个案例分析，其中4个是弗洛伊德撰写的。心理治疗师对这本书褒贬不一。

许多医生认为歇斯底里是由于女性未能怀孕和做母亲造成的。弗洛伊德反驳了这一点，说歇斯底里导致了这种神经质的表现。他还认为这不仅仅是女性的问题，他承认自己也有"不那么严重的歇斯底里症"，而且他的工作使得自己的症状变得更糟糕。

隐身的女王

丈夫阿尔伯特亲王 42 岁去世后，维多利亚女王的世界似乎就走到了尽头。她将丈夫的去世归咎于长子伯蒂（后来的爱德华七世），因为伯蒂在军队服役时曾与一个妓女有染。女王和丈夫都很伤心，亲王曾经跟儿子在雨中散步长谈，结果回来后就病了，三周后死于斑疹伤寒。维多利亚女王很反感看到她那有罪的儿子，她说："每次看到他我都感觉不寒而栗。"

同样 42 岁的女王伤心到无法参加阿尔伯特亲王的葬礼。在她 40 年的余生中她一直穿着黑色的丧服（传统的做法是服丧一年）。连续三年，她都避免外出会见臣民，被称为温莎遗孀。后来经过首相本杰明·迪斯雷利（Benjamin Disraeli）多次劝说，她才很不情愿地参加了一些特别活动，高光时刻是 1897 年她参加钻石庆典，庆祝登基 60 周年。如果不是因为这些事件，维多利亚女王将一直保持隐身，不肯露面，尽管她与男仆约翰·布朗保持着密切的关系（参见第 1 章）。她始终把阿尔伯特亲王的房间保持原样，连他最后一次在床上喝酒用的杯子都放在床边，让女仆们每天准备好他穿的衣服，更换房间里摆放的鲜花。他的其他房间也一直保持原样，以此纪念。

包括议员在内的一些观察人士担心维多利亚女王精神错乱。阿尔伯特亲王临终前告诉女王的私人医生罗伯特·弗格森："女王听说你对精神病非常重视，担心她会失去理智。她看见异象，听见声音，就非常不安，担心自己死后的样子。她觉得有虫子在咬她——她哭得很惨。"不过弗格森把她的焦虑诊断为"消化器官紊乱"。

阿尔伯特亲王去世 15 个月后，一封写在黑边讣告用纸上的信披露了维多利亚女王忧郁的性格和深深的沮丧。信中说，她"只能希望永远活不到老

下图：阿尔伯特亲王去世后，维多利亚女王深感悲痛，这也让英国臣民感到沮丧，结果导致议会差点发生危机。

年，希望无须多久就可以重新回到心爱而忠诚的丈夫身边"。看过女王最后的日记的精神病学家都认为她患有严重的抑郁症。

上图：女王登基 60 周年庆典有一个环节是 6 英里游行，不过因为关节炎造成的疼痛，女王始终坐在皇家马车上。

抑郁症的治疗

在维多利亚时代，抑郁症通常被称为"忧郁"。医生们用这个术语来形容那些回避他人、具有悲伤特质的病人，这些人通常把关注点集中在一个引起他们绝望的主题上（比如阿尔伯特亲王去世后维多利亚女王的悲伤）。由于没有治疗抑郁症的药物，医生的处方往往是休息、健康饮食和在新鲜空气中锻炼。更剧烈的治疗手段包括服用吗啡和饮酒。一位医生建议一起床就喝朗姆酒或雪利酒，早餐时喝波特酒，午餐时喝两杯雪利酒，晚餐时喝烈性酒或波特酒，睡前喝烈性酒或麦芽酒，同时还要服用吗啡。

到 1870 年，医学界已经确立了甲状腺功能不足和抑郁症之间的联系。动物甲状腺提取物的注射已经开始采用，并取得了一些成功。

在维多利亚时代，患有严重抑郁症的病人被认为有自杀倾向。贫穷的病人往往被送往收容所，在那里他们的孤立感会增加，导致他们被诊断为精神错乱。在 19 世纪后半叶，医生们开始使用电疗。1873 年，苏塞克斯收容所对一名曾经自杀的女性病人进行了 26 次电疗，并报告说她看起来精神状态好多了，谈话也很理性，能熟练地从事针线活。最后她被判定痊愈，获准出院。

The Victor

第**5**章

芸芸众生

维多利亚时代的人是些什么样的人？当时的社会风俗和价值观显然塑造了他们的性格，但随着 19 世纪的发展，人们又有什么样的变化？事实证明，维多利亚时代的人并不都是温顺的追随者。

人们的第一反应可能是，维多利亚时代的家庭都过着体面的日子，努力工作，信仰强烈，对社会和国家的成就引以为豪。可是如果考虑到绝大多数穷人，这样的描述很快就显得失真了。

真实情况是，在维多利亚时代的道德社会里，也有许多不符合当时道德标准的成员。有的丈夫殴打妻子，有的夫妻双方都有通奸行为，而且有时候还是得到配偶许可的。有的贵族诱奸他们无助的仆人。和许多人一样，作家奥斯卡·王尔德也违反了当时英国的相关法律。

尽管如此，有识之士仍在与堕落者作战。就连英国首相威廉·格莱斯顿（William Gladstone）在任职前后都曾在伦敦黑暗的街道上寻找妓女，想要去她们的住处，劝说她们脱离不敬"神"的生活，显然他从没被她们的魅力所蛊惑。

婚姻生活

在维多利亚时代，中产阶级的妻子被认为是顺从的家庭女神，她把家作为丈夫摆脱

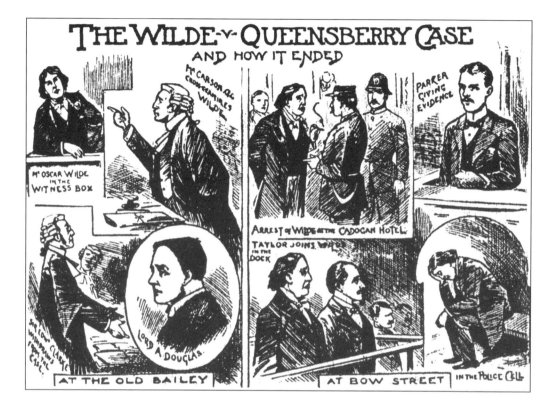

上图：正如这幅漫画所描述的，英国报界对王尔德因为同性恋事件而声誉扫地做了全程报道。

公共生活麻烦的避难所。如果没有孩子，那么她就是不完整的。性是为了生育，而不是享受。妇科医生威廉·阿克顿（William Acton）在 1857 年写道："大多数女性（对她们来说是好事）都不怎么受到任何形式的性感受的困扰。"

然而，到 19 世纪末，西格蒙德·弗洛伊德和其他人却发现，许多妇女受到压抑，怀有挫败感。尽管当时有普遍接受的双重标准，可她们的丈夫却也存在性方面的道德失败，比如婚外情等。人们当时也确实心存恐惧，担心性病——特别是梅毒的现实危险，他们也有不切实际的担心，担心自慰这种"孤独的恶习"，因为据说自慰会导致精神错乱甚至死亡。

关于性爱有许多迷信。这方面的指南和手册警告说：站着做爱会导致癌症；在楼梯上受孕的孩子可能天生就会脊背弯曲；性生活时心不在焉的男人会生下"低等的孩子"；不忠的丈夫会生下"软弱不幸"、郁郁寡欢的孩子；没有在真爱条件下受孕的孩子则会是

"丑陋、阴郁、无精打采的"。

　　尽管各个阶层都对性存在一些错误认识，但现实情况是许多夫妇确实享受性爱生活，而且女性也不像社会上的一些人所希望的那样羞怯或冷淡。众所周知，脸色严肃的维多利亚女王本人也热爱婚姻生活。她在日记中这样描写自己的结婚之夜："这是一次令人愉快而又困惑的经历。我从未有过、从未有过这样的夜晚。他那极度的爱和深情让我感受到了天堂般的幸福和爱情。他把我拥在怀中，我们一遍遍地吻着对方。"

冒天下之大不韪

　　德国贵族理查德·冯·克拉夫特-埃宾（Richard von Krafft-Ebing，1840～1902）是一位开拓性的性学家，他的相关研究震惊了维多利亚时代。他定义了如何通过命名和性畸变的分类来研究性行为，引入了一些术语。为了打消普通读者的阅读兴趣，在1886年出版的开创性著作《性精神疾病》（*Psychopathia Sexualis*）中，他用拉丁文撰写了200个案例的研究，该书先后出版12版，影响了西格蒙德·弗洛伊德和卡尔·荣格（Karl Jung）等心理学家。克拉夫特-埃宾还研究催眠、癫痫和梅毒。

　　在海德堡大学求学期间，克拉夫特-埃宾对精神病人和罪犯的不合常规的性行为产生了兴趣。后来他在几所大学教过精神病学，还在一些精神病院工作过。克拉夫特-埃宾认为性是"社会存在中最重要的因素"。尽管他研究的是不正常的性行为，但他坚持维多利亚时代的浪漫主义观点，他说："基督教将两性结合提升到一个崇高的地位，使女性在社会上与男性平等，并将爱的纽带提升到道德

上图：理查德·冯·克拉夫特-埃宾冒天下之大不韪，但他的研究对西格蒙德·弗洛伊德的工作产生了一定影响。

日本的图画

与维多利亚时代基督徒的拘谨观念不同，19世纪的日本人享受爱情的快乐。这一点在他们的图画中得到了展示，这类图片描绘的是毫无羞耻的行为。女性被描绘成平等者。新婚之夜，新娘会收到此类图画作为礼物。1853年，访问日本的美国海军准将马修·佩里（Matthew Perry）收到了一张图画，他的副手说这是"这个排外民族放浪的证据"。在维多利亚时代后期，此类图画成为欧洲的宠儿，受到约翰·辛格·萨金特（John Singer Sargent）、罗丹（Rodin）和图卢兹-劳特里克（Toulouse-Lautrec）等艺术家的"称赞"。

左图：此类图画通常是版画。日本有许多知名画家都画过，但却无损他们的名声。

和宗教机构的层面。"尽管男女平等，但在他看来，如果女性"身心正常，且受过适当教育"，她们几乎没有或者根本没有欲望。

离婚法案

在维多利亚时代早期，已婚妇女几乎没有什么权利。她的财产归她丈夫所有，他们的孩子甚至连她本人也是如此。丈夫很清楚当局避免干涉婚姻关系，所以可以肆意殴打妻

子，甚至把她锁起来。如果她从家中逃跑，丈夫甚至把
门锁上不让她回家。

　　英国 1857 年的《婚姻诉讼法》通常称为《离婚法》，
这一法律使得离婚正式合法化。该法案通过之前，离婚
是一个漫长而代价高昂的过程，必须得到英国教会的批准，再由议会法令认可，即使没有
争议，也要花费大约 1000 英镑。欧洲国家中，英国是唯一一个没有提供民事离婚服务的
新教国家。离婚法庭的设立和《离婚法》的通过改变了这种情况，结果中产阶级的离婚案
件很快就让离婚法庭人满为患。

　　通奸仍是离婚的唯一原因。新法案允许男性因为妻子与人通奸而与其离婚，但女人
只有在丈夫与他人通奸并伴随着"威胁生命的残忍情况"时才能离婚，这些情况包括重
婚、强奸或遗弃两年乃至两年以上。然而，妇女确实获得了好处，因为妻子现在可以指控

伊莎贝拉·罗宾逊

　　维多利亚时代有这样一桩轰动一时的离婚案，工程师亨利·罗宾逊（Henry Robinson）阅读了妻子伊莎贝拉生病时的日记后，决定与她离婚。他说自己看到妻子和年轻人爱德华·莱恩（Edward Lane）医生的婚外情细节后，感到"恐惧和震惊"。其中一页写有这样华丽的字眼："在我梦寐以求的双臂拥抱之下，我满怀喜悦，默默地向后靠了靠，吻了吻那卷发和光滑的面庞，那容光焕发的身姿，自从第一眼看到他，我就不由得心醉神迷。"

　　尽管亨利自己公开通奸，而且与妻子生了两个孩子，但他还是把妻子赶出家门，接管了他们的孩子，并起诉要求终止12年的婚姻。1865年法庭审判此案时，女性被禁止旁听，因为担心她们的道德品质受到影响。伊莎贝拉声称她的日记是虚构的，之所以那样写，是她"由于子宫的疾病"导致"经常遭受性幻觉的侵扰"。陪审团很认同她为自己所做的"精神错乱"的辩护，拒绝批准离婚。这一判决结果也挽救了27岁的莱恩医生的声誉、婚姻和医学事业，因为他也否认自己有任何不当行为。

丈夫通奸的同时伴有虐待或遗弃。该法案还保护了离婚、分居和遭到遗弃的女性。法案的撰写过程中，维多利亚女王提出应该将丑闻性质的情况排除在外，她说："细心的英国家长都不愿自己的孩子接触一些不好的法国小说，但是受过教育的家庭每天早晨在餐桌旁的谈论内容影响会更深远。"

交际花凯瑟琳

　　人称最后一位著名交际花的凯瑟琳·沃尔特斯（Catherine Walters，1839～1920）生于利物浦，后来定居伦敦，在那里她在一家保龄球馆工作，被人戏称为"斯基特尔斯"

假通奸

对那些同意离婚的人来说，英国严格的离婚法是个麻烦。通奸是允许离婚的唯一理由。如果这种情况并没出现，有些夫妻有时会合伙造假。配偶中的一方，通常是丈夫，会为了自由而牺牲自己的好名声。造假时往往会雇一个女人来扮演"情妇"，半裸着身子和丈夫一起待在床上，等着妻子带领假侦探和摄影师破门而入。为了保持尊严，男方可能会穿着衣服，戴着高顶礼帽。即使当局确定双方是在弄虚作假，但法官也没有证人没法定罪。到最后，此类事情往往被视作合谋欺骗不予立案。

（Skittles）。美貌和审慎这两个特点使她过上了更美好的生活。作为一名女骑师，她很早就吸引了很多崇拜者。人们会聚集在海德公园，围观她戴着优雅的丝绸帽子和面纱骑马驰骋，而这正是她成为潮流引领者的表现之一。

和她同时代的妇女都对此感到震惊和嫉妒。在凯瑟琳众多的情人和恩主中，有贵族、政界人物、知识分子和皇室成员，其中包括威尔士亲王（后来的爱德华七世）和拿破仑三世。美国内战期间，她曾两次与情人一起前往美国，分别是与贵族奥布里·德维尔·博克勒克（Aubrey de Vere Beauclerk）和哈丁顿侯爵斯宾塞·卡文迪什（Spencer Cavendish，被称为"哈蒂·塔蒂"）——后者后来成为德文郡公爵。诗人威尔弗雷德·斯卡文·布朗特

左图：威尔士亲王给凯瑟琳·沃尔特斯写过300多封信。在他要求归还这些信件时，凯瑟琳痛快地照办了。

（Wilfred Scawen Blunt）对凯瑟琳非常痴迷，多年来一直为她写诗，尽管他们只在一起待过几个小时。

凯瑟琳在英国和法国拥有多套住宅，积累了大量的财富，奢华地生活在伦敦梅费尔的上流住宅区。她于 1890 年前后退休，1920 年去世，终年 81 岁。

巨大的社会罪恶

对维多利亚时代的人来说，卖淫的意义更加广泛。除了街头流莺外，这个词还可以指那些为了享乐而进行此类活动的放荡女子，有私生子的女子，甚至那些与男人非婚同居的女子。在那个时代，最大的担忧是"巨大的社会罪恶"——成群结队的妇女在城市街道上搔首弄姿，招揽生意。伦敦妓女的数字估算差别很大。1868 年的警察记录中有 6515 人，而其他非官方的估计数字则从 8 万到 21.9 万不等。她们有些是在妓院工作，有些是在自己居住的社区工作，但也有许多妓女更喜欢滑铁卢车站附近的船坞和街道这样的臭名昭著

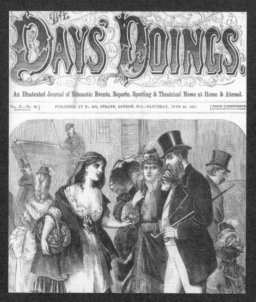

上图：在伦敦，妻子在街上碰到跟丈夫熟悉的妓女虽然尴尬，却并不少见。

的地区，在那里她们几乎赤身裸体地透过窗户向外展示自己。因为这种情况的存在，有时候有些受人尊敬的妇女在公共场合会受到骚扰和搭讪，尤其是当她们衣着惹眼的时候。

在街上经常能看到童妓。1848 年，医院为近 2700 名 11 ~ 16 岁的女孩治疗过性病，致病的主要原因是卖淫。这是 1875 年可发生性关系的法定年龄从 12 岁提高到 13 岁的主要原因。不过这条法律没有什么效果，1881 年，议会的一个委员会报告说，儿童卖淫已经失控。4 年后，可发生性关系的法定年龄变成了 16 岁。

性病在 19 世纪中叶开始猖獗，1864 年、1866 年和 1869 年，议会三次通过传染病法案。立法是为了保护军人。1869 年的传染病法强制对妓女进行体检，必要时可以将其留院观察 1 年。妓女也被禁止在距离军事基地和海港 15 英里（24 公里）的范围内拉客。令人惊讶的是，参与反对这一法案运动的居然还有妇女团体，因为她们觉得这样一来卖淫就合法化了，而且这样做还羞辱了那些因贫困而被迫卖淫的人。

加富尔法

随着意大利工业化的发展，农村妇女大量转移到城市，因为贫困，许多妇女被迫卖淫。在体面的家庭看来，妓女是滥交的性变态，属于游手好闲的穷人。由于她们与犯罪分

约瑟芬·巴特勒

约瑟芬·巴特勒（Josephine Butler）是诺森伯兰郡的一名贵族，对妓女的无助状况深感绝望。她经常冒着危险到利物浦的街头和码头去寻找被逼卖淫的女子。她取得的最大成功是发起运动宣传，最终废除了《传染病防治法》。尤其让她感到恼怒的是对年仅 13 岁的女孩进行检查，判断她们是否患有性病。不过她的做法并没有得到普遍认同。她发表演说反对"可怕的贵族医生"对女孩子进行检查时，也经常有人朝她扔烂水果。不过，1886 年《传染病防治法》废除的时候，约瑟芬就坐在下议院的旁听席上。

上图：约瑟芬·巴特勒发起运动反对贩卖妇女儿童，她揭露了从比利时到英国的这种人口贸易。

子的关联，妓女数量的增长带来了很多担忧。不过政府却认为这是一种有"存在必要"的社会罪恶。1861 年意大利统一后，当年通过的第一批法律中就包括使卖淫合法化并加以管控的法律。官方安排道德警察来审核妓女，对她们进行登记、检查和治疗。基于意大利首任总理卡米洛·奔索·迪·加富尔（Camillo Benso di Cavour）的名字，这部法律也被称为"加富尔法"，制定这部法律时参照了法国和比利时的类似法律。

诸多限制措施中，有一项是警察可以不经通知检查妓院，因为妓院不能经营游戏、提供食物或饮料以及举行音乐、舞蹈和派对等娱乐活动。妓院的窗户必须用百叶窗，所以人们对妓院的俗称是"封闭的房子"。妓女也被赋予了一些权利，例如禁止老鸨虐待妓女，独自卖淫的妓女可以在私人住宅合法经营，还可以得到医院护理，尤其是为了预防和治疗性病。

左图：1876 年，意大利犯罪学家凯撒·隆布罗索（Caesar Lombroso）写到，意大利的妓女都跟罪犯一个类型，会用一些女性的花招来避免入狱。

露露·怀特

　　1868 年，露露·怀特（Lulu White）出生于阿拉巴马州，是 19 世纪 80 年代的色情照片模特。1894 年，她在新奥尔良开了一家名为"红木大厅"的高级妓院。这家妓院位于市政府规定的红灯区斯托里维尔，四层的大理石妓院号称是新奥尔良最优雅的地方，拥有五间"装饰精美"的客厅，墙壁和天花板上都装着镜子，共有 15 间卧室。她宣称手下的妓女都带有异国情调，有"八分之一的黑人血统"。妓院只对白人营业，客户包括路易斯安那州身份最显赫、最富有的一些男人。在爵士钢琴家演奏的过程中，妓女表演"裸舞"，客人则啜饮香槟。露露成了新奥尔良最成功的老鸨之一，声称自己的珠宝收藏是美国南部第一，所以自称"钻石女王"。她的地位因为路易斯·阿姆斯特朗（Louis Armstrong）和其他人录制的爵士歌曲《玛欧尼大厅顿足爵士舞曲》变得"不朽"。

　　露露·怀特的晚年生活并不那么愉快。1918 年，她在离军事基地太近的地方开设了一家妓院，结果被判一年监禁，服刑 3 个月后，伍德罗·威尔逊总统因为健康问题赦免了她。恢复健康后，她在新奥尔良又开了一家妓院，一直经营到 1931 年去世。

上图：露露·怀特在推介性小册子中吹嘘自己的珠宝，说它们就像"圣路易斯万国博览会的点点灯火"。

收容所

　　爱尔兰的从良妓女收容机构最初建立于 1765 年，是为"堕落"妇女工作的场所，目的在于改造她们。这些机构是由教会的修女经营的。

在 1996 年最后一家收容所关闭以前，大约 30000 名妇女和女孩被家人、牧师和政府机构送到那里。大多数关在那里面的人——别人称为"马吉"（Maggies）——都不是心甘情愿的，但却只能在里面度过余生，几乎就像奴隶劳工那样劳作。也曾有人想要逃跑，但通常都失败了，因为公众也会协助抓捕她们。苏格兰和其他国家也有这样的机构。

在维多利亚时代，收容所里有未婚母亲、妓女，甚至还有出于防范目的被送到收容所的妇女和女孩，因为她们的不道德行为被视为对自己和他人造成危险。这些人通常称为忏悔者，每个人都被赋予新的名字，在头 3 个月里单独监禁。她们的头发被剪短，还要承担没有酬劳的艰苦劳动来赎罪。如果有孩子，孩子都被安置在孤儿院，无法联系自己的母亲。

下图：直到今天，收容所未婚女子生的孩子的遗体残骸仍被找到。2017年，在爱尔兰的高威郡就发现了 800 个孩子的残骸。

对堕落妇女的虐待一直不为人所知，直到 1993 年，都柏林一家收容所的地下发现了葬有 155 具尸体的集体墓穴。在此之后，许多昔日的囚徒透露了她们遭受的身体、性和心理虐待。爱尔兰政府表达了歉意，并拿出 3000 万英镑赔偿给那些仍在世的受害者。

奥斯卡·王尔德

奥斯卡·王尔德（1854～1900）是一位才华横溢的剧作家，才智出众，已婚且有两个儿子，似乎拥有完美的家庭。但是，他却与阿尔弗雷德·道格拉斯勋爵（Lord Alfred Douglas）有不正常关系，并且开始将其公开化。到1895年，他正处于事业的巅峰，因为他创作的喜剧《认真的重要性》（*The Importance of Being Earnest*）在伦敦大获成功。然而，就在同一年，他犯了一个重大错误。道格拉斯的父亲昆斯伯里侯爵在一封信中指责他是一个"寄居者"。在道格拉斯的鼓动下，王尔德不肯罢休，以刑事诽谤罪起诉了昆斯伯里侯爵。

审判过程中证词开始有利于侯爵时，王尔德放弃了诉讼。朋友们都劝他逃到法国去，但他却相信自己的名声会使他安然无恙。不过他还是因为严重猥亵男性而被捕，成了1885年同性恋法实施以来第一个被起诉的人。

第一次审判时，陪审团陷入了僵局，但第二次审判判他有罪，要到雷丁监狱服两年劳役。他在监狱里负责把粗绳拆开，最后双手都流血不止，每天还要踩惩治囚犯的那种踏车。服刑期间，他写信给道格拉斯，指责他助长自己的行为，并分散他工作的注意力。1897年获释时，王尔德精神和肉体双双崩溃，财务也处于破产境地。他在法国和意大利待了一段时间，1898年写完《雷丁监狱之歌》后，

上图：奥斯卡·王尔德（左）跟阿尔弗雷德·道格拉斯勋爵合影留念。王尔德最大的错误在于控告了道格拉斯的父亲。

他在巴黎的一间公寓里安顿下来。1900 年去世前，他还接待了几个仍然保持着联系的朋友。

詹姆斯·巴里博士

尽管詹姆斯·巴里（James Barry，1789 ~ 1865）作为军医是佼佼者，而且是军事医院的检查员，声名显赫，可是他一去世就变得声名狼藉了，因为人们发现"他"是个女人。巴里骗过了爱丁堡大学、皇家外科医师协会和英国军方，成为英国第一位女医生。

玛格丽特·安·巴克利（Margaret Ann Buckley）出生于爱尔兰的科克，她伪装成一个男孩，用了她富有的叔叔、当时著名的艺术家詹姆斯·巴里的名字，后者帮她进入了爱丁堡大学。她于 1812 年获得医学学位，1813 年以助理外科医生的身份参军。玛格丽特曾在南非开普敦任职，在那里开始了她毕生的事业，致力于重组医疗服务，强调卫生学。她从地中海地区去了加拿大，一路上表现得很是粗犷阳刚，还责骂过弗洛伦斯·南丁格尔，甚至还与一位军官决斗过。玛格丽特是最早开展剖腹产手术的医生之一，1848 年还写了一份关于霍乱的关键报告。

1865 年死于痢疾后，玛格丽特作为詹姆斯·巴里的秘密生活被清洗安置她遗体的一个妇女揭开了面纱，这个妇女称她为"一个完美的女人"。几个认识她的人说他们一直都知道巴里医生是女性。还有人推测巴里是雌雄同体，具有双性特征。被问及巴里是男性还是女性时，签署死亡证明的医生说："这不关我的事。"

上图：玛格丽特·安·巴克利是第一位在英国行医的女性，跟她合影的是仆人约翰。

美国内战中的女兵

美国内战中交战双方都有士兵女扮男装参战。"他们"剪短头发，绑紧胸部，穿着好几层衣服或宽松的制服，脸上涂满污垢。参战的动机通常是爱国主义、冒险精神或逃避以往的生活。据估计当时有400名女性这样做，各方面情况记录得比较清楚的一个案例是莎拉·艾玛·伊芙琳·埃德蒙森（Sarah Emma Evelyn Edmondson，1841～1898）。

莎拉出生于加拿大新不伦瑞克省，为了逃避包办婚姻，她搬到美国，穿上男装，化名为富兰克林·汤普森（Franklin Thompson）。1861年南北战争开始时，她以汤普森的身份应征入伍，成为一名列兵。一开始她担任护士和邮递员，后来有几次又乔装到敌后搜集情报，有时候扮成黑人男性奴隶，有时候扮成爱尔兰女小贩。莎拉也参加过几次交战。1862年8月，她的战马在布尔朗的第二场战役中被杀死后，她换上一头骡子继续战斗，结果摔了下来，断了一条腿，内脏也受到损伤。

1863年，她染上了疟疾，由于害怕医生发现自己的身份，她没有请假就离开了。在身体康复的过程中，她曾想返回自己的岗位，结果却得知富兰克林·汤普森已被指控叛逃。于是莎拉放弃了女扮男装的这个恶作剧，在华盛顿特区当了一名护士。她于1864年出版了个人回忆录，大获成功，不过她把版税捐给了美国战争救济基金会。由于莎拉已经承认了自己在战争中的欺骗行为，她拿了一笔抚恤金光荣地从军队退役。1897年，她被接纳为联邦军退伍军人组织共和大军成员的唯一女性成员。

社会等级制度

英国古老而又根深蒂固的社会等级制度是以贵族为首的，贵族与大量工人和匠人之间等级森严。当时也有许多小企业，但直到19世

下页图：内战结束后，莎拉·埃德蒙森在加拿大结婚，生了3个小孩。回到美国后，夫妇两人又收养了2个男孩。

纪才出现真正的中产阶级，这些新贵开始反对老派贵族的统治。通过教育和道德教化，那些向上流动的中产阶级可以发展成为绅士淑女。

在整个维多利亚时代，上层阶级——特别是贵族，始终保持着他们在社会、政治和军事领域的领导地位。这涉及继承权、在家族中的地位和足够的收入，以避免任何不愉快的工作。然而，这个古老的贵族阶层正融入一个以商业、工业和职业为基础的新的上层社会。

中产阶级属于富裕阶层，他们谨慎地保持着适当的礼仪和价值观。维多利亚时代的人创造了"资产阶级"这个词，针对的是受人尊敬的商人和职业人士。然而，他们所遵循的狭隘习俗给男人带来了新的压力，也让女性感到厌倦。

下层中产阶级是维多利亚时代"寒酸的绅士"，他们尽可能地效仿中产阶级，生活体面，家里会雇用一名仆人，以让妻子和孩子远离家务。

工人阶级，不管是技术工人还是非技术工

下图：1843 年描述等级制度的这幅《劳资双方》（*Capital and Labour*），反映了维多利亚时代人们对这种剥削性的社会分工的不安。

贵族的权力

从议会到他们控制的庄园和村庄，维多利亚时代贵族的权力无处不在。在他们富丽堂皇的住宅里，贵族权威阴暗的一面常常得以体现。下层阶级的女仆们在富有的雇主身边生活多年之后，几乎被视为雇主的财产，雇主可以为所欲为。有时受害者因为期望得到主人的恩惠而心甘情愿地配合，但很多时候她们遭到强暴却无能为力，或许还会生下有贵族血统的私生子。怀孕通常意味着被解雇，而且还不能有任何怨言，因为再找工作还需要当前的雇主写推荐信。

人，都仍然处于底层，尽管许多人努力顺着社会阶梯向上攀爬。这样做很困难，因为劳动者几乎没有机会接受高等教育或更高层次的教育，注定贫困一生。1898 年在伦敦和约克进行的研究发现，这一阶层三分之一的人面临饥饿。

自称特茨伯恩的人

罗杰·特茨伯恩爵士（Sir Roger Tichborne）是一位英国贵族，24 岁时乘船前往南美探险。在当地经历一段时间后，1854 年，他登上了"贝拉"号（Bella）船，准备去西印度群岛。结果船在途中沉没了，第二年特茨伯恩被宣布死亡。他的母亲亨利埃特夫人却不死心，在国际报纸上登通告说失踪的儿子是所有家族财产的继承人。她还提供了"一笔非常丰厚的赏金"来获取关于儿子命运的信息。

读到这份通告后，澳大利亚新南威尔士州沃加沃加（Wagga Wagga）的一个自称汤姆·卡斯特罗（Tom Castro）的屠夫对遗产的兴趣超过了对赏金的兴趣。1865 年，他让一位律师写信给亨利埃特夫人，声称自己是她失踪的儿子。亨利埃特夫人喜出望外，派人去接卡斯特罗。虽然十年之后他的相貌已经改变，她却把他当作儿子拥在怀中，每年给他

1000 英镑的零用钱。由于卡斯特罗不会说自己的"母语"法语，家里的其他人颇有疑心，因为"他"出生在巴黎，在那里度过了青春时光。家人于是在澳大利亚进行了调查，发现汤姆·卡斯特罗实际上是伦敦人，名叫亚瑟·奥尔顿（Arthur Orton）。

上图：从他在澳大利亚的肉铺开始，亚瑟·奥尔顿完成了转变，从粗野的汤姆·卡斯特罗变成了贵族人士罗杰·特茨伯恩。

　　亨利埃特夫人于 1868 年去世，但奥尔顿已经有了足够的时间来研究罗杰爵士，所以他继续以假乱真。其他家人于是把他告上民事法庭，引起了报纸和公众的兴趣。100 多名辩方证人支持奥尔顿的说法，但控方提出了很有说服力的证据，比如他消失的文身、不会讲法语等。经过第二次的刑事审判之后，他被判处 14 年的苦役。这两次审判历时近一年，创下了当时英国的记录。他服刑 10 年后于 1884 年获释，因为包括萧伯纳——萧伯纳认为贵族在虐待工人阶级——在内的许多人都在为他在呼吁。

THE TICHBORNE CASE—"PRO AND CON"
(A SKETCH OF THE COURT FROM THE "WELL" DURING DR. KENEALY'S SPEECH)

上图：1871 年，这桩著名的身份造假案以查明造假结案，主要人物都在图中一览无余。

11 年后，奥尔顿承认自己是在冒名顶替，目的是从报纸那里获取爆料的酬劳。后来他又出尔反尔，不承认自己那样讲过，用那笔酬金在伊斯灵顿（Islington）开了一家烟草店，不过却难以为继。他于 1898 年去世，在他的死亡证明和棺材上的一张铭牌上，他被正式确认为特茨伯恩。他被埋在一个无名的贫民坟墓里，约有 5000 人参加了他的葬礼。

公爵的双重生活

第五代波特兰公爵是个富有的怪人，几乎就是个疯子。他每天在诺丁汉郡自家庞大的韦尔贝克修道院（Welbeck Abbey）的一个房间里，独自一人吃一只鸡，并且避免与任何人接触。他吩咐仆人在他经过的时候，要把目光移开，即使在他的大花园里也是如此。如果他生病了，会请医生来，但医生却见不到他。公爵隔着一扇门喊出他的症状，医生再大声喊出诊断和医嘱。如果必须到公众场合去，他会穿三件大衣，戴高顶礼帽，打着一把伞，他坐的马车车厢窗户也用窗帘挡住。因此大多数当地人根本不知道他长什么样。

　　这使得他很容易改变身份。谁会想到，在伦敦开了一家商店、喜欢独处的托马斯·德鲁斯（Thomas Druce）实际上是一位公爵呢? 两人的身高、体型和相貌都相同。德鲁斯用一块窗帘把他的办公室跟员工隔开，告诉他们自己出来时不要理他。公爵在韦尔贝克修道院时，德鲁斯会从贝克街的商店消失；公爵离开他的庄园时，德鲁斯会再次露面。1864 年，这一切都终结了，因为那一年为德鲁斯举办了"葬礼"，而就在那时，公爵回家开始了一项大规模的建筑工程。数千名工人被雇来修建能容纳 2000 名客人的舞厅、骑术学校、台球室、图书馆和其他房间，所有房间都在地下，通过数英里长的隧道相连接，只供公爵使用。他于 1879 年去世。

下图：许多人始终认为托马斯·德鲁斯实际上就是第五代波特兰公爵威廉·约翰·卡文迪什 - 斯科特 - 本丁克（William John Cavendish-Scott-Bentinck）。

　　1896 年，贝克街一位名叫安娜·玛丽亚·德鲁斯（Anna Maria Druce）的妇女要求挖掘并打开她公公的棺材，以证明德鲁斯（公爵）的葬礼是伪造的。这是为了证明她的儿子波特兰第六代公爵能够继承财产。报纸对此大肆报道，但她的案子毫无进展。1903 年，她被送进了精神病院。她的家人仍然坚持原来的说法，并于 1906 年在商店和德鲁斯家之间发现了一条地下通道，这意味着公爵还有另一条隧道。第二年，棺材被打开，结果发现里面有一具尸体，所以这个案子被驳回，认为"过于轻率，无理取闹"，但许多人仍然相信，两人的相似之处证明他们就是同一个人。

POLICE NEWS

THE ILLUSTRATED — LAW COURTS AND WEEKLY RECORD

SISTER OF VICTIM

FIFTH VICTIM

MORTUARY

THE BERNER ST VICTIM.

INSPECTOR REID

INQUEST ON FIF AT ST GEO

TWO MORE WHITECHAPEL HORRORS. WHEN WILL THE MURDERER BE CAPTU

BACK of BERNER STREET

FIRST DISCOVERY OF THE CRIME

GOING

POLICE CONSTABLE WATKINS SIGNALLING FOR ASSISTANCE

MITRE SQUARE ALDGATE

THE FATAL SPOT

THE SCENE ON SL IN BERNER STREE

Le Petit Journal

SUPPLÉMENT ILLUSTRÉ

Huit pages CINQ centimes

DIMANCHE 13 JANVIER 1895

第 **6** 章

罪与罚

维多利亚时代的城市是暴力和犯罪的温床，主要原因在于城市中有许多拥挤的贫民区，以及因为工业革命而流离失所的异乡人在城市中如潮水般来来往往。

伦敦大部分暴力袭击发生在伦敦东区，但即使在一些高档区域也会有轻度的犯罪行为，比如白天的扒窃和天黑后的人身攻击。由于报纸用夸张的标题强调街上的危险，这方面的担心甚至演变成了恐慌。1888 年，由于骇人的连环杀手开膛手杰克谋杀事件的传播，这种故事达到了狂热的程度。警方始终没能确定开膛手杰克的身份，这使得人们长时间来一直心存恐惧。在整个维多利亚时代，还有一些同样残忍的谋杀案件，比如阿米莉亚·戴尔（Amelia Dyer）的案子。戴尔是英国有史以来最凶残的连环杀手，造成约 400 名儿童死亡。因为破案主要靠原始的观察手段，警方的调查速度通常很慢，不过后来技术的发展也发挥了一些作用。1892 年，伦敦和芝加哥之间的电报传输就在将"投毒者兰贝斯"（the Lambeth Poisoner）绳之以法的过程中发挥了作用。

从轻度盗窃到重大欺诈，非暴力犯罪广泛存在。在 1873 年的大骗局一案中，一个美国黑帮抢劫了英格兰银行 10 万英镑，后来歹徒分别在爱丁堡、纽约和哈瓦那被捕，有两人被判终身监禁。维多利亚时代被捕的人几乎都进了监狱，不管是扒手还是偷面包的人。伦敦因为罪犯数量不断增长，监狱人满为患，最后许多罪犯被流放到澳大利亚，还有一些罪犯则被关在泰晤士河上停靠的大型旧船充当的监狱里。

章前图：耸人听闻的报纸传播着对开膛手杰克的恐惧。这篇文章介绍了伊丽莎白·斯泰尔（Elizabeth Stride）和凯瑟琳·埃多维斯（Catharine Eddowes）的谋杀案。

扒手

在 1838 年的小说《雾都孤儿》中，查尔斯·狄更斯创作了一个儿童扒手圈，其头目是讨人喜欢的无赖费金。小扒手阿特佛·道奇是个虚构的人物，但狄更斯时代的读者很容易就能猜出他是谁。在维多利亚时代的伦敦，拥挤不堪的街道是扒手的天堂，到处都是衣衫褴褛的流浪儿，有的只有 5 岁，他们出去偷钱包、手绢和其他任何容易上手的东西。这些男孩儿被称为"麻利的小伙子"，他们很擅长分散别人的注意力，而且出手很快。有些人喜欢单干，但更多的人偷窃成功是靠拉帮结伙。

1855 年，训练年轻人的犯罪团伙头目中有一个人叫查尔斯·金（Charles King）。他手下有一帮职业扒手，包括 13 岁的约翰·里夫斯（John Keeves），此人曾在一周内偷了 100 英镑。街上的任何骚动都是掏包的好机会。1840 年，11 岁的马丁·加文（Martin Gavin）因在一次事故周围聚集的人群中偷窃一位绅士的手绢而受到审判。有一段时间，每周有 5000 块手绢在被盗后挂在商店外面，受害者可以去买回失窃之物。

熟练的扒手都自信他们永远不会被捕，但这却是一种"滥赌"：被抓到的扒手都可能被处决，不过对儿童来说判决几乎总是要轻一些，比如监禁或流放。1830 年至 1860 年间，在伦敦老贝利街法庭受审的扒手中，超过一半年龄还不到 20 岁。

上图：走在伦敦的街头，稍不留神，就给儿童扒手创造了机会。他们往往是受帮派生活的刺激，而被吸引走上邪路的。

橘子男孩

有个 11 岁的伦敦扒手被称为"橘子男孩"。他恳求路人"从可怜的孤儿那里买几个橘子，因为他在挨饿"。他一边说话，一边把篮子推到受害者身上，受害者到后来才发现他们的钱包不见了。1850 年 3 月 5 日，一位读者给《泰晤士报》写信警告说："女士们，无论老少，千万不要把钱包放在口袋里。当心，街上到处都是各种乞丐；最重要的是，留心周围的人，务必远离橘子男孩。"

流放

维多利亚时代延续了始于 1717 年的将罪犯流放到海外的制度。流放这一做法解决了几个问题：监狱不那么拥挤了；许多不受欢迎的罪犯被永远送出英国；为不断扩展的殖民地提供了必要的劳动力。流放的对象有偷面包的孩子，也有判死刑后又减刑的毫不悔过的罪犯。

1776 年美国独立战争之前，北美的殖民地一直接收罪犯。独立战争开始后，英国在澳大利亚和新西兰建立了新的流放地。1788 年，第一批运送罪犯的船队抵达澳大利亚的博纳尼湾。新南威尔士州的殖民地是正式的罪犯流放地，到 1805 年前后，政府还开辟了另外几个流放地。遭到流放的罪犯中约 20% 是女性，她们被送

右图：描绘的是被定罪的女囚被送往位于澳大利亚新喀里多尼亚的流放地。

玛丽·韦德

1859 年，玛丽·韦德（Mary Wade）在澳大利亚去世，终年 82 岁。她是当年流放到澳大利亚的罪犯中年龄最小的，小时候在伦敦街头乞讨。1789 年，12 岁的她因为偷窃一个 8 岁女孩的连衣裙而被判绞刑。获得减刑后，玛丽经过 11 个月的旅程被流放到澳大利亚。她嫁给了乔纳森·布鲁克（Jonathan Brooker），生了几个孩子，定居在新南威尔士州的伊拉瓦拉地区。她的丈夫在 1833 年去世，比她早了 26 年。

玛丽在有生之年后代就已经超过 300 人。澳大利亚前总理陆克文（Kevin Rudd）就是如今她依然健在的数万名后人中的一员。

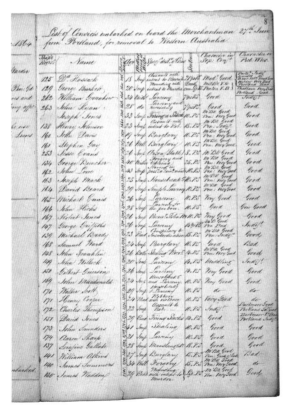

到"女性工厂"工作。

罪犯中还包括爱尔兰民族主义者等政治犯。截至 1852 年，大约 1800 人来自威尔士，许多人只会说威尔士语，这使他们更加孤立。所有遭到流放的罪犯都可能被分配去服劳役，通常在公路、采石场和农场工作。他们的新刑期一般为 7 至 14 年，但通过表现良好获得的假释许可、自由证明、有条件赦免或无条件赦免等方式，他们可能会获释。如果获得无条件赦免，囚犯甚至可以返回英国。

英澳的舆论迫使流放制度在 1868 年终结。澳大利亚人认为太多的罪犯

左图：1864 年 7 月 1 日，囚犯按照名单登上从英国波特兰去往西澳大利亚的轮船。

左图：澳大利亚的一处流放地在囚犯服完刑期后会发给他们自由证明。

在他们这里安顿下来，而英国人则认为犯罪率几乎没有下降，因为罪犯有了通往新生活的免费之旅。在其80年的历史中，约16.2万囚犯乘坐806艘船去了澳大利亚。囚犯中大约70%来自英格兰和威尔士，24%来自爱尔兰，5%来自苏格兰。还有一些罪犯是从加拿大、印度等地抵达澳大利亚的。

玛德琳·史密斯

苏格兰最轰动一时的一场审判涉及一位社会名流。玛德琳·汉密尔顿·史密斯（Madeleine Hamilton Smith）被控用砷毒杀昔日情人皮埃尔·埃米尔·安吉列尔（Pierre Emile L'Angelier）。两人的婚外情充满激情，来往的密信中都假装是已婚夫妻，男方写信给"我的妻子"，女方则称自己是对方的"爱妻"。

尽管如此，玛德琳还是与上流社会的有钱人威廉·明诺奇（William Minnoch）订了婚。她请求安吉列尔交还以往自己写的信，并补充道："我相信，作为一个绅士，你不会泄露我们之间以往的情况。"可是安吉列尔拒绝这样做，还威胁要把信给明诺奇和玛德琳的父亲——格拉斯哥一位著名的建筑师看。玛德琳同意和他再幽会几次，可是有两次见面之后，因为喝了玛德琳准备的咖啡，安吉列尔就生病了。他告诉朋友们玛德琳可能给他下了毒。安吉列尔于1857年3月去世，尸检发现他体内有大量砷。警察发现两人之间的通信后，就逮捕了玛德琳。

一份关于她的丑闻审判情况的报告说，22岁的玛德琳进入被告席时，"神态就像一位美女走进舞厅或是歌剧院的包厢，步履轻松，手里拿着一瓶有银盖子的嗅盐。她穿着时

左图：陪审团对"未经证实"的裁决并不意味着"无罪"，而是因为针对玛德琳·史密斯的证据并不充分。

髦，戴着一副薰衣草手套"。关在监狱里的时候，她说自己收到了数百封信，都是来自"提供慰藉、表达关心和愿以金钱相助的绅士"。

检方的指控依据是其作案动机和玛德琳最近购买的三剂吗啡。她解释说这些药是用来杀死害虫的，还有一些稀释成了化妆品。她说自己已经3个星期没见安吉列尔了，她的辩护律师说安吉列尔可能是自杀的。陪审团只花了半个小时就宣布谋杀"未经证实"，于是她被释放了。不久之后，她搬到伦敦，嫁给了前拉斐尔派画家乔治·沃德尔（George Wardle）。之后两人离婚，她移居美国，又再次结婚，于1927年去世，终年93岁。

罗得西尔乡村公寓谋杀案

1860年6月29日，一名3岁男孩在英国乡村住宅中被谋杀，这桩谋杀案成为英国历史上第一个真正的侦探故事，因为当时公众一直关注着伦敦警察厅侦探乔纳森·杰克·威彻尔（Jonathan Jack Whicher）的调查情况。有些人甚至对他产生了反感，因为他揭露了家庭内部的丑恶，包括性犯罪、嫉妒、任性的孩子、不忠的仆人等。多数仆人都受到了牵连，要么是犯罪嫌疑人，要么是受害者。

塞缪尔·肯特（Samuel Kent）和玛丽·肯特（Mary Kent）是威尔特郡罗得地区的一对成功夫妇，有一天醒来时发现儿子弗朗西斯·萨维尔（Francis Saville）从帆布床上失踪了。后来发现他的尸体被塞进了外面的厕所，脖子上有深深的刀口。当地警方怀疑保姆伊丽莎白·高夫（Elizabeth Gough）和她的情人因为孩子打扰他们而杀害了他。另一个主要嫌犯是康斯坦斯的兄弟威廉。调查毫无进展，于是威彻尔侦探接手了这个案子。他认定

16 岁的康斯坦斯·艾米丽·肯特（Constance Emily Kent），也就是萨维尔同父异母的姐姐有罪，因为她总是郁郁寡欢。然而，当他在 7 月 16 日逮捕康斯坦斯时，公众却对一个工人阶级的侦探控告这样一位女士谋杀非常鄙视，于是威彻尔又释放了她。

5 年后，康斯坦斯向一位牧师供认，她把孩子带到厕所，用父亲的剃刀杀死了他。牧师帮她通知了侦探。有些人认为康斯坦斯有精神问题，感觉她的供认是假的。她的父亲塞缪尔·肯特是个出了名的玩弄女性的人，先是和女仆有染，后来又和保姆（康斯坦斯的母亲）有染，不过后来结了婚。

康斯坦斯被判处死刑。罪名虽然被普遍接受，但刑罚却不被公众接受。报纸、医生和地方法官都给内政大臣施加压力，最后他推迟了执行判决。康斯坦斯在监狱里服刑 20 年，于 1885 年 41 岁时获释。

监狱船

如果英国囚犯害怕被流放到澳大利亚的话，那么对他们来说更可怕的是被判到停泊在泰晤士河口、肯特海岸对面伍尔威奇的淤泥中的退役军舰上服刑。这些是永久性的监狱船，目的是缓解维多利亚时代监狱空间的不足。这些生锈的船往往有"防御"号、"成功"号这样的船名，船上挤满了长期服刑的犯人和等待流放的犯人。囚室里到处都是寄生虫，许多囚犯死于霍乱和伤寒等疾病。危险的囚犯被一起关在称为"虎穴"的栅栏里。囚犯也被放到外面去工作，但很少有越狱的情况。

左图：1848 年的"勇士"号监狱船。狱医说关在里面的囚犯都体衰乏力，难以在船坞工作。

1886 年，她移居澳大利亚，跟哥哥一起生活。后来她成了一名护士，最终成为新南威尔士州一家护理院的护士长。她于 1944 年去世，终年 100 岁。

这桩谋杀案轰动一时，就连杜莎夫人蜡像馆都为康斯坦斯塑了一尊蜡像。1868 年，威尔基·柯林斯（Wilkie Collins）在侦探小说《月亮宝石》（*The Moonstone*）一书中借用了这起案件的细节，这本书被认为是英国第一部侦探小说。查尔斯·狄更斯在他 1870 年的小说《德鲁德疑案》（*The Mysteries of Edwin Drood*）中也运用了本案的一些元素。

林肯之死

1865 年 4 月，亚伯拉罕·林肯获得了至高的成就。美国第 16 任总统终于撑过了与南部邦联诸州的四年内战。4 月 3 日，位于弗吉尼亚州里士满的南部邦联首都被攻克，林肯带人进驻该城。4 月 9 日，南北战争以罗伯特·E. 李将军（Robert E. Lee）向尤利西斯·格兰特（Ulysses Grant）将军投降而结束。林肯在白宫阳台上欢呼时，华盛顿特区爆发了疯狂的庆祝活动。

上图：林肯遇刺时，尤利西斯·格兰特将军本应和他在一起，但将军却决定去探望林肯的孩子。

4 月 14 日，林肯到华盛顿的福特剧院观看《我们的美国表亲》（*Our American Cousin*）演出，他和妻子及另一对夫妇进入总统包厢时，受到了观众的热烈欢迎。这将是他生命中的最后一个小时，因为当时支持南方各州的演员约翰·威尔克斯·布斯（John Wilkes Booth）已经偷偷潜入。他拿着一把德林格手枪，朝总统的后脑开了致命的一枪。随后布斯跳上舞台，高声喊"暴君总是这个下场！"（南北战争时弗吉尼亚州的口号）。这一跳摔断了他的腿。

刺客布斯

刺客布斯出生在马里兰州，是著名演员朱尼乌斯·布鲁特斯·布斯（Junius Brutus Booth）的儿子，著名莎剧演员埃德温·布斯（Edwin Booth）的弟弟。约翰·威尔克斯从17岁起就开始演戏，以声音洪亮、相貌英俊著称。

美国内战开始时，他的家人都拥护南北统一，但布斯支持南方，尽管他没有参军上战场。随着南部邦联的失败，他召集了几个同谋者，策划绑架林肯总统以交换南部邦联的战俘。由于总统改变了日程安排，这个计划失败了。

随后布斯想出了一个大阴谋，他和同伙准备暗杀林肯总统、副总统安德鲁·约翰逊（Andrew Johnson）和国务卿威廉·西沃德（William Seward）。只有布斯的行刺取得了成功，另一个同案犯刺伤了西沃德，但没能杀死他和他家里的另外四个人，另一个同谋者在行刺副总统时临阵退缩了。布斯和同伙大卫·赫罗德（David Herold）被逼到弗吉尼亚州的一个仓库后，赫罗德投降了，但布斯却拒绝投降。骑兵向仓库开火，双方开始了枪战。后来等他们找到布斯时他已经奄奄一息了。他说："告诉我的母亲，我是为国而死。我认为我是为了最好的结果而努力。"最后，他看了看自己的手，咕哝道："没用了，没用了。"

右图：1865年7月7日，林肯遇刺一案中的四名同案犯被绞死，其中包括玛丽·苏拉特（Mary Surratt），她是美国政府处决的第一名女性。

许多观众以为这是剧情的一部分，因为布斯从楼下跑出去，骑着一匹准备好的马逃走了。

56 岁的林肯第二天早上于附近的一个住处去世。4 月 26 日，骑兵将刺客追到一个谷仓，据报道是开枪将其击毙的，不过他也有可能是自杀身亡。

内德·凯利

在澳大利亚民众看来，爱德华·内德·凯利（Edward Ned Kelly）要么是一个恶毒的杀手，要么就是一名反抗英国政府压迫的爱尔兰英雄。就其自身而言，澳大利亚政府如今称他为该国"最伟大的民间英雄"之一，关于他的著作和歌曲比其他任何澳大利亚历史人物都多。内德的父亲是约翰·雷德·凯利（John 'Red' Kelly），一个爱尔兰天主教徒，因为偷了两只猪被流放到澳大利亚。1878 年，母亲因为袭警被捕后，爱德华·内德·凯利非常愤怒。他带着弟弟丹和两个伙伴乔·伯恩（Joe Byrne）和史蒂夫·哈特（Steve Hart）躲进了荒无人烟的袋熊山脉。1878 年，4 名警察追捕到他们后，凯利的团伙杀死了两名警察，击伤了另一名警察，最后警方悬赏 8000 英镑追捕他们。

抢劫了几家银行后，凯利和同伙身穿钢铁盔甲，躲藏到了格伦罗文酒店，在维多利亚的那个小镇劫持了 60 名人质。警察赶到后，双方发生了枪战，结果警长弗朗西斯·黑尔（Francis Hare）和其他警官受了伤。在暂停交火期间，人质被允许离开酒店。凯利的胳膊和拇指受伤了，但还能逃走。警察击毙了他的弟弟和另外两名

上图：用铁盔保护着头部，内德·凯利开枪冲出了包围圈。

团伙成员，然后烧毁了酒店。黎明时分，内德再次出现，从后面攻击警察。半小时后，他被俘了，因为没有盔甲保护的双腿中了枪。

上图：内德·凯利的团伙选择了安妮·琼斯（Anne Jones）的格伦罗文酒店作为背水一战的地方。为了抓捕他们，警方焚毁了酒店。

内德因为 1878 年的谋杀案受审并被判死刑。在墨尔本的监狱服刑时，他曾写过一封信抗议歧视贫穷的爱尔兰移民。有人为了给他减刑组织了一些示威活动，但是 1880 年 11 月 11 日，25 岁的凯利还是在监狱被处以绞刑。他在绞刑架上的遗言是："这就是生活。"他的尸体被装在木箱里埋进了囚犯的集体坟墓。2010 年，警方通过 DNA 鉴定了他的遗骸，2013 年，凯利回到了他曾经为非作歹的维多利亚乡村，被安葬在母亲旁边。为了防止他人破坏，他的坟墓仍然没做任何标记。

开膛手杰克

1888 年 8 月至 11 月，5 名妓女在伦敦东部被谋杀，报纸上刊登了一些耸人听闻的报道，并且开始称这个令人恐惧的杀手为"开膛手杰克"。这些报道也吸引了美国和欧洲大陆的读者，在那些地方，人们已经开始担心街上无政府主义者和革命者的数量了。后来伦敦的一些记者把受害者的人数增加到9人，而且就连警方也拿不准究竟有多少受害人了。所有遇害的妓女都曾在穷人聚居的白教堂地区拉客，结果她们的喉咙被切开，尸体被通晓解剖术的人毁伤，据说可能是外科医生或屠夫所为。

调查人员普遍认为，5名受害者分别是8月31日遇害的玛丽·安·尼克尔斯、9月8日遇害的安妮·查普曼、9月30日遇害的伊丽莎白·斯泰德和凯瑟琳·埃多维斯，以及11月9日遇害的玛丽·简·凯利。除斯泰德外，杀人犯对遇害者的腹部都造成了伤害。凯利受的伤害最为严重，凶手挖走了她的心脏。凶手还拿走了查普曼的子宫、埃多维斯的子宫以及左肾。一些调查人员认为被害的另一名妓女玛莎·塔布拉姆也是死于开膛手杰克之手。她是8月6日遇害的，应该是第一个受害者。

警方在街上增加了警员和警犬，抓获了数百名嫌犯，但很快就把他们释放了。第一批嫌犯中的约翰·皮泽（John Pizer）喜好骚扰妓女，媒体称其为"皮裙"，因为他穿着一条皮围裙。核查人员甚至拍摄了一名受害人的视网膜，因为在维多利亚时代，人们相信死者的眼睛里会显示出她最后一次看到的凶手的图像，但却一无所获。

警方在努力结案以平息紧张的公众情绪，这时却有人自称是凶手，写信给警方嘲笑他们无能。与此同时，一个写着"来自地狱"的纸箱被送到了白教堂警戒委员会主席乔治·卢斯克（George Lusk）那里。纸箱里有一半肾脏，据说是取自受害者的身体。信的最后还挑衅道："卢斯克先生，有本事就抓住我啊！"

下图：许多插图描绘了开膛手杰克在白教堂地区杀人的恐怖现场。

下页图：《警察新闻》（Police News）的头版用戏剧化的素描报道了第二名受害者安妮·查普曼的谋杀案。

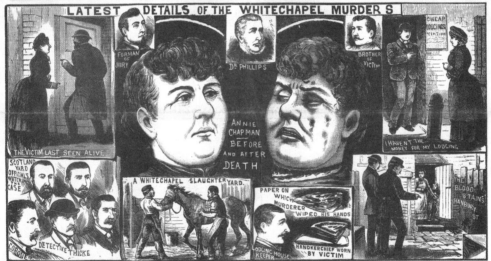

杰克是谁?

1889 年,伦敦警察厅公布了四名主要嫌疑人:

- 亚伦·柯斯米斯基(Aaron Kosminski),23 岁,居住在白教堂区的波兰籍犹太人,死于精神病院。
- 马塔古·约翰·杜立德(Montague John Druitt),31 岁,职业为律师和教师,后来死于自杀。
- 迈克尔·奥斯特罗格(Michael Ostrog),55 岁,俄罗斯出生的窃贼,曾被关在收容所。
- 弗朗西斯·J. 多普蒂(Francis J. Tumblety),56 岁,职业为医生,因猥亵而被捕的美国"江湖郎中"。

后来警方又提出了几个嫌疑人,其中经常被人提及的两个人是:

- 对杀戮着迷的画家沃尔特·希克特(Walter Sickert)。
- 阿尔伯特·维克托王子,英国国王爱德华七世的儿子、维多利亚女王的孙子,他曾写信说一个妓女把淋病传染给了他。

弗雷德里克·迪明

开膛手杰克定居在澳大利亚墨尔本的温莎郊区吗?在阅读了弗雷德里克·迪明(Frederick Deeming)如何杀死在英国的第一任妻子和四个孩子,以及他在墨尔本的第二任妻子的细节后,澳大利亚有许多人持这种观点。

迪明出生在莱斯特郡,娶了威尔士女人玛丽·詹姆斯,两人生了三个女儿和一个儿子。后来,妻子发现他是个重婚者——已经娶了海伦·马西森,于是他用战斧和刀杀死了妻子和孩子,并将尸体用水泥盖住埋在了壁炉下面。

右图：弗雷德里克·迪明被处决时，报纸、图书和随笔类的文章都曾予以报道。有好些年，伦敦警察厅一直保存着他的死亡面具。

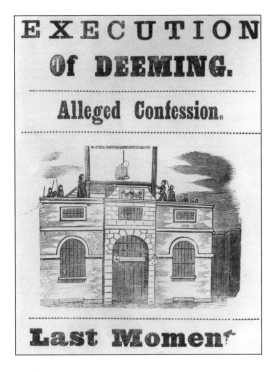

1891 年，他化名艾伯特·威廉斯（Albert Williams），与另一个妻子艾米丽移居澳大利亚。安顿下来后，他立刻买了水泥和工具，开始称自己为德伦先生。一个月后的圣诞节那天，他杀死艾米丽，并以同样的方式把她的尸体用水泥盖住埋在壁炉下面。他离开后，房子的主人因为屋子里令人恶心的气味而发现了尸体。警方发现了含有迪明真名的烧毁了的文件，并联系了英国警方，后者告诉了他们第一起谋杀案的情况。由于凶手仍然在逃，报纸开始发表一些令人毛骨悚然的报道，说"疯狂的弗雷德"就是开膛手杰克。不过那时候迪明已经自称是斯旺森男爵（Baron Swanson），正准备娶另外一个女人。警方截获了迪明写给那个女人的信，一路追踪他到西澳大利亚，将其抓获。当他们乘火车把他带回来时，公众在路上排成一行，高声喊"杀人犯！"，也有人大喊"开膛手杰克！"。

迪明的审判受到了国际媒体的广泛关注，英国、南非和美国都有头条新闻报道。他被判有罪并处以绞刑。在墨尔本监狱，他写了一本书说自己就是开膛手杰克，但警方怀疑他当时并不在伦敦。1892 年 5 月 24 日，38 岁的迪明被处决。

朗伯斯的投毒杀人犯

托马斯·尼尔·克利姆（Thomas Neill Cream）医生曾在加拿大、美国、英国甚至苏

FATAL FACILITY; OR, POISONS FOR THE ASKING.

Child. "PLEASE, MISTER, WILL YOU BE SO GOOD AS TO FILL THIS BOTTLE AGAIN WITH LODNUM, AND LET MOTHER **HAVE ANOTHER POUND AND A HALF** OF ARSENIC FOR THE RATS (!)"

Duly Qualified Chemist. "CERTAINLY, MA'AM. IS THERE ANY OTHER ARTICLE?"

毒药的黄金时代

　　维多利亚时代的人们生活在毒药的黄金时代。毕竟当时致命物质几乎不受管制，因为壁纸、织物、油漆等许多产品中都会用到。这就让杀人犯有了充足的选择。人类闻不到、尝不出的砷是下毒害人者的普遍选择。这种元素在化妆品中也使用，使它可以轻松入手，但却难以被检测出来，因为其效果看起来像食物中毒。氰化物到处都是，几秒钟就能奏效，其劣势在于警方可以轻易判断出中毒的原因，所以其"优势"和"劣势"互相抵消了。马钱子碱当时仍然受到下毒者的欢迎，主要是因为人们可以光明正大地购买它用来杀死害虫。

　　格兰多次投毒杀死女性。他出生在格拉斯哥，在加拿大长大。在蒙特利尔和伦敦市（安大略省）学医结束后，他在安大略省伦敦市开了一家诊所。克利姆是 1876 年结的婚，第二年，他给妻子做流产手术时，妻子不幸去世。1879 年在加拿大，他怀孕的情人死于氯仿（恰恰是克利姆大学毕业论文的主题）。

　　因为被控谋杀，他逃到了芝加哥，在那里为妓女进行非法堕胎。结果有 4 名妓女死亡，有两人是死于马钱子碱，他甚至想用这些死亡事件敲诈一名药剂师。克利姆唯一的男性受害者是丹尼尔·斯托特，此人死于 1881 年，是因为他的妻子、克利姆的情妇为这场谋杀提供了马钱子碱。为了避免坐牢，她供出了克利姆，结果克利姆被判有罪，处以终身监禁。后来他的家人贿赂了监狱官员，他于 1891 年获释。

　　克利姆回到英国伦敦后，在朗伯斯开了一家诊所，开业两周内就开始杀人。1891 年 10 月，两名妓女被害。次年 4 月，又有两名妓女遇害。这些人全部死于马钱子碱。他用不同的化名敲诈医生，威胁说要指控他们的罪行。报纸称凶手为"朗伯斯的投毒杀人犯"。后来纽约的一名警察前来拜访，克利姆就跟他讲了受害人的详细情况，结果自己成了主要嫌疑人。伦敦警察厅联系了芝加哥警方，后者透露了他

前页图：1849 年，《笨拙》杂志刊登的一张漫画大致介绍了购买毒药是多么轻而易举。

先前犯下的罪行。后来克利姆又犯了一个严重的错误，他告诉警察说他知道是谁谋杀了路易莎·哈维，但根本没想到路易莎还活着，因为她吐出了克利姆给她的含马钱子碱的药物。

1892 年 6 月 3 日，克利姆被捕，被控谋杀 4 人。他自称托马斯·尼尔医生。10 月 21 日，克利姆被判有罪，处以死刑。11 月 15 日，他在纽盖特监狱被执行绞刑。

法国开膛手

在维多利亚时代，法国也有连环杀手，人送绰号"法国开膛手"。1894 年至 1897 年，野蛮而又狡猾的约瑟夫·瓦彻（Joseph Vacher）在法国乡村开展了一场杀戮狂潮，遇害者的人数超过了开膛手杰克在伦敦杀害的人数。正如对白教堂谋杀案的报道一样，法国报纸把他的可怕故事传遍了欧洲和美国。

退役军人瓦彻杀害了至少 11 个人，甚至可能有 27 个遇害者。他在选择行凶对象时表现出与开膛手杰克同样的性别选择，但与伦敦案件不同的是，这些遇害的女人不是妓女。1894 年 5 月 20 日，他的第一个受害者是 21 岁的尤金妮·德尔霍姆，是法国东南部波美尔附近的一名工厂工人。她是被勒死的，脖子上也有刀伤，右乳还被切了下来。后来的受害者都是未成年的农场工人，所以报纸称他为"小牧

左图：正如伦敦的记者报道开膛手杰克一样，约瑟夫·瓦彻的恐怖影响也在法国报纸上轰动一时。

羊人杀手"。他最为所熟知的受害者是维尔普兰侯爵，此人在法国西南部自家园林里散步时遇害。

贝莉镇的检察官埃米尔·福奎特（Emile Fourquet）追踪到了瓦彻。他是第一个看出各个案件手法类似，并将这些案件联系起来的人，因为所有受害者都被割破了喉咙并遭到肢解，有的甚至是活着时遭到肢解。

然后，他收集了多个目击证人的证词，以建立一种早期形式的案情分析。当时瓦彻已经逃到哈瓦那，福奎特追踪到那里将其绳之以法。

在布雷斯地区的布尔格接受审判时，瓦彻戴着一顶白兔皮帽，以示纯洁。不幸的是，他的对手是亚历山大·拉卡桑（Alexandre Lacassagne）博士，后者是法医学的先驱、犯罪心理学专家，他描述了瓦彻的作案手法和心理，拒绝了瓦彻对自己精神错乱的辩护，尽管他的第一次谋杀发生在他因为试图自杀而被精神病收容所收容获释一个月之后。1898 年12 月 31 日，29 岁的瓦彻谋杀罪名成立，被送上了断头台。

阿米莉亚·戴尔

阿米莉亚·戴尔（Amelia Dyer）是英国最残忍的连环杀手之一。这个人乍一看是个对母亲们和蔼可亲、关爱她们孩子的女人。19 世纪 60 年代末，她在布里斯托尔开始为非作歹，结果两次被关进精神病院。她为未婚妈妈提供庇护，这些妈妈们离开后就把孩子托付给了她，这是维多利亚时代的一种做法，称作"代人育婴"。但阿米莉亚往往会通过饥饿、窒息、勒颈或药物手段杀死他们。阿米莉亚还担任婴儿的养母，这种情况下仍然是杀死他们。在 19 世纪，孩子夭折的情况很常见，不过当局开始关注她所照顾的孩子的死亡情况。他们指控她对孩子疏于关照，于 1879 年将其收监入狱 6 个月。1895 年，

上图：2017 年，阿米莉亚·戴尔的名字再次出现，当年她包裹一个婴儿尸体的包装材料在一处阁楼上被人发现。

阿米莉亚把她的犯罪"事业"转移到了雷丁，在那里她向贫穷的父母收取费用，收养她们的孩子。一如既往，收养的孩子还是被她谋杀了。

1896年3月30日，一名驳船工人从泰晤士河中打捞出了婴儿海伦娜·弗里的尸体，发现她的脖子上缠着白色的胶带。尸体用包装纸包着，里面还有一块砖来增加重量使其下沉，纸上淡淡的笔迹可以看出是阿米莉亚写的孩子先前的名字和地址。警方顺藤摸瓜，找到了她在雷丁市肯辛顿路的房子，在那里他们发现了一些伪造的收养记录，于是逮捕了她。后来泰晤士河中发现了更多的婴儿尸体。由于害怕"天谴"，阿米莉亚供认了自己的罪行，并告诉警方，他们可以通过脖子上用来勒死婴儿的胶带来辨认她杀死的婴儿。

据估计，她杀死了约400名婴儿。对这位"代人育婴杀手"的庭审在当时引起了轰动。报纸竟然称阿米莉亚为"天使制造者"，还有人为她歌唱。她辩称自己是因为精神错乱才这样做的，但无济于事。1896年6月10日，57岁的阿米莉亚在纽盖特监狱被处以绞刑。此后，政府开始对收养行为和儿童保护法进行更加严格的监管。

米妮·迪恩

新西兰也有"代人育婴"杀人犯，她的名字叫威廉米娜·"米妮"·迪恩（Williamina 'Minnie' Dean）。她出生于苏格兰的格林诺克，1862年移民到新西兰。她的女儿埃伦心情抑郁，带着自己的两个孩子投井自杀了。19世纪80年代末以来，米妮在她位于南地大区温顿的家中开展有偿儿童保育服务。她一次最多照顾九个孩子。第一个死亡的孩子是1889年一个两月龄的婴儿，两年后是一个6周大的婴儿。一项调查认定米妮把他们照料得

THE CONDEMNED CHILD-MURDERER.

[BY TELEGRAPH.—PRESS ASSOCIATION.]

INVERCARGILL, 7th August.

Minnie Dean is to be executed next Monday morning.

The Southland Times states that the doomed woman was informed of the decision of the Executive on Saturday afternoon.

上图：走上绞刑台后，米妮·迪恩说道："哦，主啊，让我不要再受苦了！"据记载，执行绞刑时她瞬间死亡。

不错，但她的服务场所空间不够大。

不过警方已经开始留意她的行为，于是她开始用假名宣传自己的服务。1895 年 5 月 2日，一名乘警注意到她带着一个婴儿和一个沉重的帽盒上车，可是在回程时她却只带着帽盒。警方一路做了搜索，但没有任何发现，于是又搜了她家的花园，结果找到了两个婴儿的遗骸和一个四岁男孩的骨架，两个婴儿的名字分别是多萝西·卡特和伊娃·霍恩斯比。米妮谋杀多萝西一案的审判于那年 6 月 18 日在因弗卡吉尔开始。这名儿童死于过量服用鸦片酊，这原本是安抚婴儿用的。辩护律师说婴儿是死于意外，但米妮最后被判有罪。甚至米妮的律师后来也曾描写她那臭名昭著的形象："一本正经、镇定自若地坐在马车里，一具婴儿的尸体放在脚边的一个锡盒子里，另一具婴儿尸体包在披肩里用旅行带绑在头顶的行李架上。"

1895 年 8 月 12 日，米妮在因弗卡吉尔监狱被绞死。她不慌不忙地走向绞架，只说了一句话："我是无辜的。"她是新西兰处决的唯一一位女性。

德雷弗斯事件

阿尔弗雷德·德雷弗斯（Alfred Dreyfus）是法国一个富有的犹太纺织制造商之子，参军入伍后，他在 1889 年就已经是战争部的上尉。1894 年，他被指控为德国从事间谍活动，遭到逮捕。审讯他时证据并不充分，但 12 月 22 日他仍被定罪为叛国罪，判处终身监禁。他被剥夺了军衔，他的宝剑也象征性地被折断了。1895 年 4 月 13 日，德莱弗斯

上图：法国报纸刊登了阿尔弗雷德·德雷弗斯遭受的耻辱，结果 10 年后却不得不声明他是清白的。

被带到恶魔岛，这是法国在南美洲法属圭亚那海岸外臭名昭著的监狱。

德雷弗斯的审判在当时就受到了怀疑。法国报纸和许多反犹太教的公众把德莱弗斯炒作为背信弃义的法国犹太人的缩影。然而有证据表明，用来给德莱弗斯定罪的一封信是另一名军官写的。此人虽然受审，但却被判无罪。

当时有许多人对这些法律操作提出了质疑，其中就包括著名小说家埃米尔·左拉（Emile Zola）和记者、政治家乔治·克里蒙梭（Georges Clemenceau），后者在第一次世界大战期间成为法国总理。1898年，左拉在克里蒙梭的报纸上写了一封信，标题是"我指控"，指责战争部长掩盖德雷弗斯的错误定罪。结果左拉受到审判并被判诽谤罪，被处监禁1年和3000法郎罚款。

恶魔岛

恶魔岛监狱是历史上最臭名昭著的监狱之一，位于南美洲东北海岸法属圭亚那附近的一个小岛上。1854年，拿破仑三世为了关押法国的叛徒、持不同政见者和最危险的囚犯，建立了这座监狱，让这些犯人在这里服劳役。阿尔弗雷德·德雷弗斯在这里被单独监禁了四年半。1953年这所监狱关闭时，已经关押过约8万名囚犯，其中有约5万名囚犯死于疾病、劳役、微薄的食物、断头台处决、越狱时被鲨鱼吞没或溺水。

左图：恶魔岛监狱的废墟在相当长的一段时间内一直不对外开放，不过现在可以参观了。

1898 年，写信陷害德雷弗斯的那名少校承认了他的伪造行为并自杀。第二年，德雷弗斯从魔鬼岛被送回重审，并于 1899 年 9 月 9 日再次被军事法庭判决有罪。法国新总统赦免了他，但许多人仍然认为他有罪。1902 年，总统参加左拉的葬礼时，一次暗杀行为使他受了伤。1904 年又进行了一次重审，这次德雷弗斯被判无罪。议会恢复了他在军队的职务，并授予他荣誉勋章。后来他还参加了第一次世界大战。这一事件导致对抗反犹太主义的运动规模有所扩展，但多年来却也严重分裂了国家的右翼民族主义者和左翼自由主义者。

丽兹·鲍敦案

丽兹·鲍敦（Lizzie Borden）是不是用斧头砍了母亲 40 下，砍了父亲 41 下？儿歌里是这样唱的，但现实却更难确定。犯罪动机似乎是显而易见的，因为她的父亲安德鲁和继母艾比很富有，可是丽兹和妹妹艾玛都不喜欢他们。当时丽兹姐妹都是 30 多岁，仍然住在马萨诸塞州福尔河小镇父母的家中。她们的父母在 1892 年 8 月 4 日被残忍地谋杀后，姐妹俩将继承大约 30 万美元（今天价值约 800 万美元）的遗产。

谋杀发生时艾玛不在，所以丽兹是首要嫌疑人。发现睡在沙发上的父亲被斧子砍了之后，她叫醒了家里的女佣布里奇特·沙利文。她的继母睡在家里的客房里，也被斧子砍了。沙利文食物中毒，当时还没恢复好，有一段时间被认为可能是嫌疑人。同样值得怀疑的是家里那天来的客人约翰·莫尔斯（John Morse）——丽兹亲生母亲的兄弟。不过当时他也不在，所以

下图：丽兹·鲍敦的父亲心胸狭隘，有一次用斧头杀死了她养的所有宠物鸽，多年来丽兹只能忍气吞声。

丽兹在谋杀案发生一周后被捕并遭到起诉。警方发现她看上去并没有过度悲伤，而且房子也没有任何破门而入的迹象。

　　丽兹·鲍敦在监狱里等了 10 个月之后，"世纪审判"才于 1893 年 6 月 5 日开始。12 名"八字胡"男士组成的陪审团没有听到任何证据表明她与谋杀案有直接联系。90 分钟后，他们宣告她无罪。丽兹高兴地叫了一声，坐到椅子上，双手捂着脸又哭了一次。这一判决在全国范围内引起了不同意见：许多人认为她是在疯狂状态下杀死了那两个人；另一些人同样确信，一位来自中上层阶级家庭的可敬女士决不会犯下如此可怕的罪行。丽兹家里的其他人都没被起诉。

左图：许多当地人认为丽兹·鲍敦有罪，但陪审团只花了 90 分钟就认定她无罪。

丽兹·鲍敦并不以自己的遭遇为耻。她买了一幢昂贵的新房子，并命名为马普列克罗夫特，她的妹妹也住在那里，直到 1904 年。1905 年，利兹改名为利兹贝思（Lizbeth）。可是当地人在教堂里仍然对她避而远之，孩子们也朝她家扔鸡蛋和沙砾。

在她受审一个月后，有人编出了孩子们唱的押韵儿歌："丽兹·鲍敦拿起斧头，砍了母亲 40 下。看到自己所做的一切后，又砍了父亲 41 下。"她于 1927 年去世，终年 67 岁。她的家现在是丽兹·鲍敦床和早餐博物馆（Lizzie Borden Bed and Breakfast Museum），常有人光顾。

The

Victor

DR. JEKYLL and MR. HYDE

THE TRANSFORMATION
'GREAT GOD! CAN IT BE!!'

第 **7** 章

哥特式生活

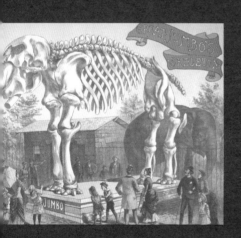

在维多利亚时代，人们往往对那些不同寻常或危险的人物着迷，而且这些人的不同寻常或危险之处都颇为怪异。这种兴趣源自怪物和恐怖小说的刺激，还有象人以及开膛手杰克这类真实人物的激发。

斫有社会都对反常现象感兴趣，也会对反常现象产生恐惧，但维多利亚时代的通俗小报却强化了这种情况，这些报纸用耸人听闻的标题突出了谋杀和其他罪行，比如"白教堂的谋杀和残害""身体和面部的可怕残害"。

除此之外，描写吸血鬼德古拉和弗兰肯斯坦这样人物的通俗小说也让一些读者相信吸血鬼和怪物的存在。怪胎表演和巡回马戏团是另一个主要的吸引力，它们展示了从暹罗双胞胎到大胡子女士等各类人物。许多维多利亚时代的人都记得在疯人院里一起看过、嘲笑过的那些精神病"怪胎"。

弗兰肯斯坦

1818 年，英国作家玛丽·雪莱（Mary Shelley）出版了她的小说，讲述了弗兰肯斯坦博士创造的怪物的故事。哥特式小说《弗兰肯斯坦》（*Frankenstein; or, The Modern Prometheus*）在 19 世纪的读者中迅速获得成功，因为这本书融科学与恐怖于一体。玛丽·雪莱的这本书被认为是最早的科幻作品之一。自维多利亚时代以来，在实验室创造生命的危险一直是个令人着迷的话题，激发了众多关于人造怪物的书籍和电影，有些甚至比弗兰肯斯坦创造的可怕怪物更加邪恶。

1797 年 8 月 30 日，玛丽·沃尔斯顿克拉夫特·戈德温（Mary Wollstonecraft Godwin）出生于伦敦。1814 年，她和年轻诗人珀西·比希·雪莱私奔到法国。雪莱的第一任妻子自杀后，两人在 1816 年结了婚。这本书的创意就是在 1816 年诞生的，因为那一年雪莱夫妇到日内瓦跟拜伦勋爵、他的医生、约翰·波利多里［(John Polidori)，此人后来写了《吸

上图：除《弗兰肯斯坦》之外，玛丽·雪莱还著有另外几部小说，包括讲述一场瘟疫摧毁人类的《最后一个人》（*The Last Man*，1826 年）。

血鬼》（*The Vampyre*）一书］以及另外一些人聚集到一起。在某一个风雨雷电之夜，他们聚集在迪奥达蒂别墅点着烛光的房间里，玛丽听到了他们关于生命火花的讨论，以及拜伦提出的举办鬼故事写作比赛的建议。上床睡觉时，她闭上眼睛，想象着一个科学家跪在"他创造出来的生命一侧"，看着它开始"显示出生命的迹象，动作让人不安"。她回忆，就在那个时候，"诞生了怪兽弗兰肯斯坦的形象和《弗兰肯斯坦》这本书的构思"。

1822 年丈夫去世后，玛丽·雪莱回到伦敦，开始了一段成功的写作生涯，作品包括小说、传记、旅游书籍等。她于 1851 年 2 月 1 日去世。

杜莎夫人

1761 年，玛丽·杜莎（Marie Tussaud）出生于法国斯特拉斯堡，原名玛丽·格劳舒兹（Marie Grosholtz）。她从一位医生那里学会了如何做蜡像。到 1780 年，她已经成为路易十六国王一个妹妹的艺术导师，住进了凡尔赛宫的皇家宫廷。1789 年法国大革命后，她

和母亲一起被监禁，但通过制作刚刚被处死的国王、王后和其他贵族的死亡面具，她获得了自由。1794 年，她继承了教过她的那位医生的蜡像收藏。1795 年，她嫁给弗朗索瓦·杜莎（Francois Tussaud）。

1802 年，杜莎夫人离开丈夫（此后再也没有相见），和两个儿子一道前往伦敦的丽舍姆剧院展出她的作品。由于拿破仑战争，她无法返回法国，在随后的 33 年间，她在英格兰和爱尔兰巡展自己的蜡像作品。1835 年，她在伦敦贝克街的集市上建立了一个基地，基地的一个独立的房间后来变成了恐怖屋。当时的展品包括法国大革命期间大约 400 个被害者的蜡像和一些名人的蜡像，比如乔治三世和本杰明·富兰克林等人。杜莎夫人于 1850 年去世，1884 年，她的孙子把展品搬到了伦敦马里波恩路的现址。如今全世界有十多座杜莎夫人蜡像馆。

上图：就连杜莎夫人也有蜡像。去世 8 年前，她让人给自己制作了蜡像。

埃德加·艾伦·坡

1809 年 1 月 19 日，美国作家艾伦·坡出生于马萨诸塞州波士顿，以恐怖型短篇小说和诗歌闻名。他的骇人听闻的短篇小说包括《厄舍府的崩塌》（1839 年）和《活葬》（*The Premature Burial*，1844 年）。他 1841 年的作品《莫格街凶杀案》（*The murders in the Rue Morgue*）被认为是第一部现代侦探小说，而诗歌《乌鸦》（*The Raven*，1845 年）至今仍然很受读者欢迎。

坡的一生可谓名声显赫，但也挫折不断。1826 年，因为赌博，他被弗吉尼亚大学开除。于是他化名埃德加·A. 佩里参军入伍。他的监护人在西点军校给他谋取了一个就读机会，结果坡为了被开除旷课一周不参加训练，后来也就如愿以偿地被校方开除。

坡随后去了纽约，出版了一本诗集，1835 年又去了弗吉尼亚州的里士满，担任《南

上图：坡有酗酒的问题，而且肆无忌惮，这导致有人相信他是个瘾君子。

方文学信使》（*Southern Literary Messenger*）的杂志编辑，并和自己 13 岁的表妹弗吉尼亚·克莱姆（Virginia Clemm）结婚。由于酗酒，他的编辑工作被解职。1839 年，他在费城担任伯顿的《绅士杂志》（*Gentleman's Magazine*）的合作编辑，并出版了他的超自然恐怖小说《厄舍府的崩塌》。1842年，他写了《红死病魔的面具》（*The Masque of the Red Death*）。1844 年，他又担任《纽约镜报》（*New York Mirror*）的合作编辑。

1849 年艾伦·坡从里士满去往马里兰州的巴尔的摩时，已经露出死亡的苗头。大约一周后，1849 年 10 月 3 日那天，人们发现他躺在投票站外面的一条水沟里，神志不清，穿着破旧的二手衣服。4 天来，他一直处于精神错乱和幻觉状态，最终于 10 月 7 日去世。在去世的前一天晚上，他反复呼唤着"雷诺兹"（Reynolds）——这个名字至今仍然是个谜。

坡的官方公布死因是脑出血，但他的死非常神秘，史密森学会的杂志列出了九种可能性：酒精、流感、谋杀、脑肿瘤、狂犬病、被恶棍殴打、在被强迫投票给某个候选人后遭到攻击、室内照明造成的一氧化碳中毒、医生处方中的重度汞中毒。

化身博士

1886 年，罗伯特·路易斯·史蒂文森（Robert Louis Stevenson）的中篇小说《化身博士》（*The Strange Case of Dr Jekyll and Mr Hyde*）震惊了维多利亚时代的读者。小说揭示了正常人身上存在的邪恶，认为维多利亚时代存在的那种体面或许只是堕落的掩饰，要么至少是堕落思想的一种掩饰。小说的情节还利用了实验室科学家创造的怪物的故事。亨

巨无霸大象

　　1880 年，巴纳姆在伦敦动物园看到一头 7 吨重的非洲巨象。两年后，他以 1 万美元的价格买下了这头大象。这只 20 岁的动物是 1865 年从巴黎的一个动物园来到伦敦的。维多利亚女王对这笔交易非常不满，因为她认为这头大象是国宝，甚至提出了抗议，不过却徒劳无效。为了把大象运到伦敦的一个码头去装船运往纽约，需要用 10 匹马来拉这个大箱子。大象于 1882 年 4 月 9 日被运达纽约。巨无霸大象身高 3.5 米，最初是在竞技场（后来在麦迪逊广场花园）展出，然后加入巴纳姆的马戏团，乘火车参加巡回演出。3 年内约有 2000 万名观众观看了这头大象的演出。

　　1885 年 9 月 15 日，巨无霸大象在加拿大安大略省圣托马斯镇被一列特快列车撞死。有一个故事说这头象救了一头小象，它把小象推开，结果自己被撞倒了。巴纳姆把巨无霸大象的尸体制成标本在马戏团展览了两年，然后捐赠给了波士顿的一家博物馆，1975 年一场大火烧毁了大象的标本。如今这头大象的骨架仍保存在纽约的美国自然历史博物馆。

左图：巨无霸大象死后，巴纳姆带着 4 米高的大象骨架参加国际巡展。

利·杰基尔（Henry Jekyll）博士是一个值得尊敬的人，他发现一种药水能把自己变成喜好杀戮的爱德华·海德（Edward Hyde）。杰基尔绝望地努力挣扎着，避免自己沉迷于变成海德的做法，但还是变得无法避免。后来他又发现另一种药水可以逆转这个过程，可是这种药开始变得不那么有效，意识到自己将永远维持海德的身份后，杰基尔选择了自杀。

1850 年 11 月 13 日，史蒂文森出生于苏格兰爱丁堡。他在爱丁堡大学学习法律，并于 1875 年毕业，但却从未投身法律行业。后来他旅行去了法国，还撰写了一些旅游书籍。1877 年，史蒂文森开始写短篇小说，包括一系列阿拉伯荒诞小说。1879 年，他去了加利福尼亚州，后来娶了美国女人范妮·奥斯本（Fanny Osbourne）。范妮先前结过婚，但已经与不忠的丈夫分居，她和史蒂文森于 1880 年结婚。

下图：19 世纪 80 年代后期的一张海报，演示了杰基尔博士从维多利亚时代的正人君子到纯粹的恶魔这个可怕的转变过程。

史蒂文森患有结核病，他最有名的小说是出版于 1883 年的《金银岛》（*Treasure Island*）和出版于 1886 年的《绑架》（*Kidnapped*）。《化身博士》也是出版于 1886 年。《化身博士》的构思是他在梦中完成的，出

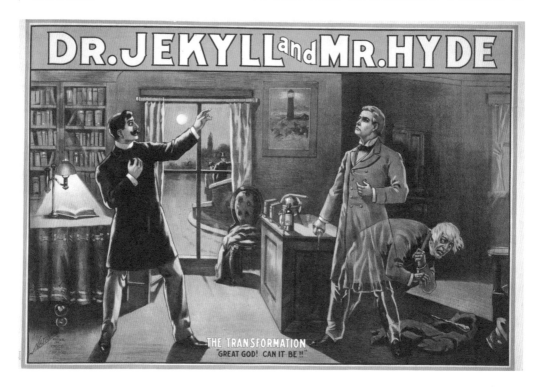

DR. JEKYLL and MR. HYDE

THE TRANSFORMATION
"GREAT GOD! CAN IT BE !!"

版后却让他声名远扬，因为他在 1887 年访问美国时发现自己在美国也有众多读者。从 1888 年开始，史蒂文森的余生一直在南太平洋诸岛游历。他于 1894 年 12 月 3 日去世，埋葬于萨摩亚的瓦埃亚山顶，在那里他有一处住宅。

时间机器

H. G. 威尔斯 1895 年出版的小说《时间机器》（*The Time Machine*）为维多利亚时代的人们提供了最早的科幻小说范例。小说的情节涉及一位无名的维多利亚时代科学家，他制造了一台时间机器，这台机器把自己送到了未来的 802701 年，在那里他遇到了埃洛伊人。埃洛伊人温顺而又懒惰，衣服和食物等需要由住在地下的摩洛克人负责打理。在回到他自己的时代之前，这位科学家发现摩洛克人也会杀死并吃掉埃洛伊人。一些批评人士认为，威尔斯是在反驳达尔文的进化论观点，认为进化并不能造就更好的世界。

1866 年 9 月 21 日，赫伯特·乔治·威尔斯（Herbert George Wells）出生于肯特郡的布罗姆利。1888 年，他从伦敦大学毕业，成了一名科学教师。跟表妹的婚姻失败后，他和先前教过的一个学生私奔了，后来两人在 1895 年结了婚。《时间机器》是威尔斯的第一部小说，出版后让他一举成名。

上图：H. G. 威尔斯小说的封面采用了艺术家对他神奇的时光机器的构想。

他的科幻小说还有 1897 年出版的《隐身人》(*The Invisible Man*)、1898 年出版的《世界大战》(*The War of the Worlds*)、1899 年出版的《时空故事》(*Tales of Space and Time*)、1901 年出版的《月球上最早的人类》(*The First Men in the Moon*) 和 1906 年出版的《莫罗博士岛》(*The Island of Doctor Moreau*)。最后一个故事涉及的是创造出半人半兽的 "兽人" 的一些实验。

威尔斯很有远见,对全球变暖、细菌战争、激光束、无线电、电视机和许多现代设备都有所预见。他晚年的大部分时间都致力于促进人类平等,解决人权问题。他 1940 年出版的著作《人的权利》(*The Rights of Man*)涉及的是人的基本自由,影响深远,其中许多观点在 1948 年被联合国写入了《世界人权宣言》(*Universal Declaration of Human Rights*)。威尔斯于 1946 年 8 月 13 日在伦敦去世,骨灰被撒入了大海。

狼人

克莱门斯·豪斯曼(Clemence Houseman)的短篇小说《狼人》(*The Werewolf*)出版于 1896 年,被认为是 19 世纪末的经典狼人故事。故事情节涉及一个名叫怀特·费尔(White Fell)的美丽女人,费尔实际上是一个狼人,会杀死村民。克里斯琴(Christian)是村里唯一一个能看出怀特·费尔真实面貌的人,可是他的弟弟斯韦恩(Sweyn)却迷恋着怀特。最后,克里斯琴牺牲自己拯救了斯韦恩,使得他没有成为狼人的下一个受害者。

左图:克莱门斯·豪斯曼和弟弟、剧作家劳伦斯·豪斯曼(Laurence Houseman)合影。

吸血鬼德古拉

　　布拉姆·斯托克（Bram Stoker）的哥特式恐怖小说花了七年时间才完成。1897 年出版的这本书推出了德古拉伯爵这个人物。先前也有作家写过吸血鬼的故事，比如约翰·波利多里在 1819 年出版的《吸血鬼》，但斯托克的特兰西瓦尼亚风格角色符合维多利亚时代人们的男性主导、抑制情色的意识。它为今天仍广受欢迎的众多吸血鬼故事和电影提供了原型。

　　斯托克是一位爱尔兰作家，他一开始把这个故事写成了戏剧《不死者》（The Un-Dead）。从 1878 年到 1898 年，他一直担任伦敦丽舍姆剧院的业务经理，作品中的角色都取材于演员亨利·欧文（Henry Irving）流畅的动作和细微的身势变化。他希望欧文能扮演剧中的主角，但欧文却拒绝了，说他再也不想看到这个角色，这促使斯托克去做了更多的研究，准备撰写一部小说。故事本身是基于弗拉德·采佩什（Vlad Tepes），更为人所知的名字是"穿刺者弗拉德"，一位 15 世纪的罗马尼亚王子，此人以性情残忍、喜好刺杀绑在木桩上的敌人而知名。在遵循吸血鬼的传说的同时，斯托克增加了自己的想法，把吸血鬼描述成可以变为蝙蝠。

上图：弗朗西斯·福特·科波拉（Francis Ford Coppola）1992 年的电影《吸血鬼德古拉》（Dracula）的一张海报。在这部电影中，驱动吸血鬼的与其说是嗜血，不如说是浪漫。

　　斯托克说他的书融神秘和事实于一体。在他看来，"人可能陷入一种死亡般的恍惚状态，从而在死亡之前就被安葬。后来尸体可能又被挖出来，结果发现人还活着，于是人们感到恐惧。由于无知，他们就以为吸血鬼来到了身边"。

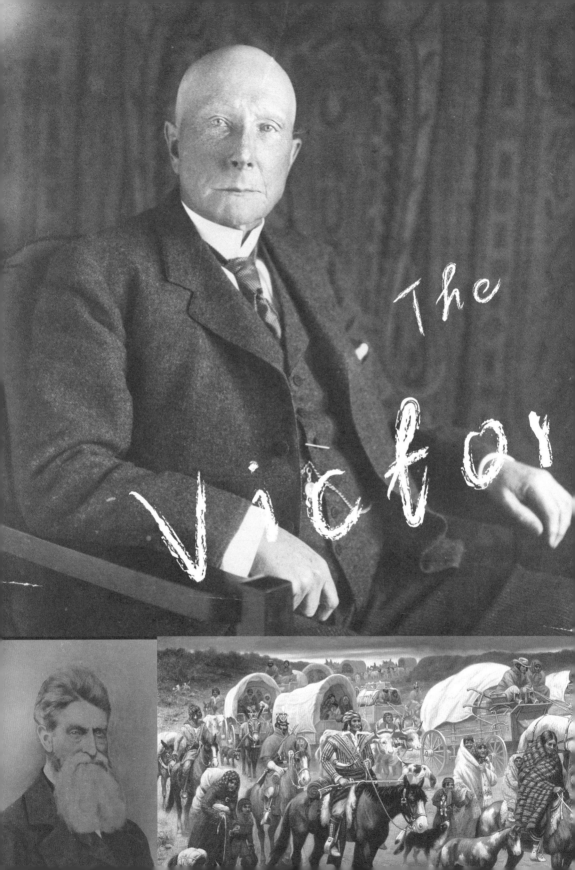

The Victor

第 **8** 章

美国

无论道德还是建筑方面，维多利亚时代的美国都体现出英国的许多价值观。不幸的是，在追求他们的美国梦方面，美国的工人阶级和英国的工人阶级一样贫穷。两个国家都在扩张：英国建立了一个海外帝国，而美国则向西推进，努力掠取更多的土地。

在 1851 年，《纽约论坛报》（*New York Tribune*）的编辑贺瑞斯·格里利（Horace Greeley）因敦促"去西部，年轻人，去西部"而深受好评。其实美国人几乎不需要他的建议，因为去往西部的先驱者通过骑兵的保护来获得廉价的土地，击败了所有阻碍他们的印第安人。美国西部对投机者更大的刺激是黄金，这导致了 1848 年到 1851 年的加州淘金热。

所有这些事件都无法与 19 世纪后半叶美国东部的悲剧相提并论。南部蓄奴各州想要建立自己的国家，从而引发了联邦和南部邦联之间的内战。由此产生的冲突比任何其他战争杀死的美国人都要多。

强盗大亨

和英国一样，美国在维多利亚时代也经历了工业和财富的爆炸式增长。通过垄断创造就业机会并将经济推向新高度的特定行业和企业，几十位意志坚强的人士创造了巨大的

上图：安德鲁·卡内基最初是宾夕法尼亚铁路公司的一名主管，他推出了美国历史上第一列成功的卧铺车。

上图：J.P.摩根原本预定了"泰坦尼克"号的处女航之旅，但却被迫取消，这让他躲过了一劫。

财富。他们被誉为"行业领袖"，但因剥削工人和从事欺诈、阴谋、恐吓和腐败等不道德的商业行为，他们也被称为"强盗大亨"。通过这种方式变为富豪的6个人分别是：

约翰·雅各布·阿斯特（John Jacob Astor），生于德国，1848年去世时是美国首富，换算成现在的财富的话，他的身家超过1100亿美元。他的财富来源于皮草贸易，1808年他成立了美国皮草公司，将皮草运往欧洲甚至中国。他最大的财富源自投资纽约的房地产。他遗赠40万美元建造了阿斯特图书馆，1895年这家图书馆变成了纽约公共图书馆。

安德鲁·卡内基（Andrew Carnegie），出生于苏格兰，在美国经营铁路发家致富。内战期间他又投资为联邦军队提供物资的钢铁厂。1901年，他以4.87亿美元的价格把卡内基钢铁公司卖给了约翰·皮尔庞特·摩根（John Pierpont Morgan），从而成为世界首富。他是最慷慨的慈善家之一，他的说法是："人在巨富的时候死去是一种耻辱。"他出资支持图书馆、大学、剧院和科学研究。

约翰·皮尔庞特·摩根，一位拥有组织各种行业——比如铁路行业和钢铁行业——技能的金融家。他是美国政府融资主要来源的纽约公司的合伙人。1892年，他促成了通用电气公司的兼并。1895 年，他的公司成为摩根公司，是当时世界上最著名的银行之一。1901 年收购卡内基钢铁公司之后，他又进行了几次兼并，创立了世界上首家市值 10 亿美元的公司——美国钢铁公司。

约翰·戴维森·洛克菲勒，创办了壳牌石油公司，垄断了美国石油行业。他利用与铁路公司达成的交易，以较低的运输费用迫使竞争对手退出此类业务。到 1890 年，他的信托基金控制了美国约 90% 的石油生产。他成为第一个身价 10 亿美元的美国人，曾是世界首富。晚年他转向慈善事业，为一些有价值的事业捐助约 5 亿美元，包括在 1892 年建立芝加哥大学。

上图：科尼利厄斯·范德比尔特是一位贫穷的农场主的儿子，11 岁就辍学在码头工作。

科尼利厄斯·范德比尔特（Cornelius Vanderbilt），绰号"准将"，是一位航运和铁路大亨。1829 年，他创办了自己的轮船公司，到 1846 年已经成为百万富翁。19 世纪 50 年代，他投资修建早期铁路，1873 年在纽约和芝加哥之间开通铁路服务。那年，他捐赠了 100 万美元，在田纳西州纳什维尔建立了范德比尔特大学。范德比尔特的个人财产价值 1 亿美元。

爱德华·H. 哈里曼（Edward H. Harriman），1870 年在纽约证券交易所担任经纪人，后来他决定投资铁路。19 世纪 90 年代，他收购了联合太平洋铁路公司，最终控制了 5 条铁路、1 家轮船公司和富国快递公司。1899 年，他带领科学家远征阿拉斯加，探索并绘制了该地区的地图，那里的哈利曼峡湾和哈利曼冰川都是以他的名字命名的。1904 年，美国总统西奥多·罗斯福（Theodore Roosevelt）就哈里曼公司的垄断地位提起诉讼，后来最高法院勒令解散他的铁路帝国。

哭泣之路

在美国历史上最糟糕的一章中，安德鲁·杰克逊（Andrew Jackson）总统和马丁·范布伦（Martin Van Buren）总统领导下的美国政府将大约 10 万印第安人从美国东南部迁移到了印第安人的保留地（现在的俄克拉荷马州）。这里面主要是切罗基部落，另外还有乔克托、奇卡索、克里克和塞米诺尔部落的印第安人。印第安人的聚集是从 1838 年 5 月开始的，主要在佐治亚州（在印第安人的土地上发现了黄金）、田纳西州、北卡罗来纳州和阿拉巴马州。大约 8120 公里的强迫迁移之路被印第安人称为"他们的哭泣之路"。

下图：美国画家罗伯特·林德诺（Robert Lindneux）1942 年的画作《泪之路》（*The Trail of Tears*），描述了切罗基族印第安人迁徙过程中的痛苦。

从 10 月开始，经过一个严冬，徒步旅行的切罗基人近 1.7 万人经常没有鞋子，最后约有 4000 人

不幸殒命。美国军队在后面催促，不允许他们治疗病人或埋葬死者。由苏格兰和切罗基血统的首领约翰·罗斯（John Ross）率领，最后一批人于 1839 年 3 月到达。因为干旱，最初大约有 1.3 万人被关在军事营地，结果大约 1500 人死在了那里。等他们到达新家那年，又有 800 人死亡。

大约 1000 名切罗基人没有从田纳西州和佐治亚州迁移。1868 年，他们在北卡罗来纳州的切罗基建立了政府，他们的后代至今仍住在那里。

墨西哥战争

这场冲突也被称为美墨战争，是 1845 年美国吞并得克萨斯以及得克萨斯与墨西哥长期以来的边境争议引发的。美国总统詹姆斯·波尔克（James Polk）派代表去会见墨西哥总统何塞·赫雷拉（José Herrera），提出以 3000 万美元"购买"加利福尼亚和新墨西哥州。赫雷拉拒绝见他，于是波尔克派扎卡里·泰勒（Zachary Taylor）将军占领了有争议的得克萨斯边境。1845 年 4 月 25 日，墨西哥军队越过格兰德河，杀死了泰勒的一些士兵。5 月 13 日，美国国会向墨西哥宣战。

领导墨西哥军队的是安东尼奥·洛佩兹·德·圣桑塔·安纳（Antonio López de Santa Anna）将军，他于 1836 年带领军队在阿拉莫屠杀过得克萨斯人和另外一些人。他原本流亡在古巴，波尔克总统派了一艘船把他送到墨西哥去议和。结果桑塔·安纳将军却成了墨西哥军队的首领。战争期间，每次战斗中美国士兵都会大喊"记住阿拉莫"。

泰勒将军的军队过河准备夺取蒙特雷的时候，战争开始了。1847 年 2 月 22 日至 23 日，他在布埃纳维斯塔战役中还战胜了一支墨西哥大军。与此同时，温菲尔德·斯科特（Winfield Scott）将军借道海路，经过三周的围攻，占领了维拉克鲁斯，并于 1847 年 9 月 14 日攻陷墨西哥城。美方的战争死亡人数约为 1500 人，而疾病尤其是黄热病，却导致至少 1 万人死亡。

1848 年 2 月 2 日，单方面签署的《瓜达卢佩—伊达尔戈条约》（Treaty of Guadalupe Hidalgo）结束了这场战争。美国付给墨西哥 1500 万美元，墨西哥则割让 130 多万平方公

上图：在布埃纳维斯塔战役中，激烈的战斗造成3400名墨西哥人伤亡，美军的伤亡却只有650人。

里、接近一半的国土给美国，差不多就是如今的亚利桑那、新墨西哥、内华达、犹他、加利福尼亚、得克萨斯和西科罗拉多等地所在的区域。

泰勒将军成了一位英雄，1848年，他在波尔克之后当选总统。13年后，参加过本次墨西哥战争的许多人在内战中成了将军，包括罗伯特·E.李（Robert E. Lee）和尤利西斯·S.格兰特（Ulysses S. Grant）。后者称美国对墨西哥的战争是"更强大的国家对较弱国家所发动的最不公正的战争之一"。

加州淘金热

1848年1月24日，加州萨克拉门托附近的萨特磨坊发现了黄金。第二年，那里的人口就从大约1.4万跃升到10万，加利福尼亚也迅速成为一个州。到1852年，已经有大约

"天定命运"

墨西哥战争是美国国运天定论中的重要一步，这个理论是用来解释美国不可避免地沿美洲大陆向西扩张的进程的，其中包括 1803 年从法国购买路易斯安那州获得 2144520 平方公里的土地，后来这块土地又被用来推动美西战争，以及进一步从俄罗斯购买阿拉斯加（1867 年）和夏威夷（1898 年）。

1845 年，民主党的编辑约翰·L. 奥沙利文（John L. O'Sullivan）首次使用了这个词，他写道："为了我们每年都在增长的数百万人口的自由发展，要实现我们的天定命运（manifest destiny），在美洲大陆拓展领土。"

25 万人住在那里。这些淘金热的受害者被称为"淘金者"，他们之后接踵而至的是各种各样的骗子、纸牌专家、妓女和暴力分子。

一家报纸写到，听到"黄金"的喊声后，"田地被撂荒，盖到一半的房子停了工，除了造铲子和鹤嘴锄，什么也顾不上了"。最初这些探矿者是从河流中淘金，后来一些公司又组织沉井挖取黄金。到 19 世纪 50 年代末，淘金热已经结束。但到 19 世纪末，两个矿

右图：大多数冲向加州的淘金者不得不在溪流中淘金，这份工作非常辛苦，而且报酬很低。

藏——马瑟洛德（Mother Lode）和克拉马斯（Kalmash）——已经产出了价值相当于如今250亿美元的黄金。

除加利福尼亚外，1858年在派克峰附近的科罗拉多州、1859年在内华达州也发现了其他矿藏，内华达州的康斯托克矿脉也含有银。1861年，美国国会把这两个区域都划为准州。1874年在南达科他准州黑山的戴德伍德（Deadwood）、1891年在科罗拉多州的克里普尔克里克（Gripple Greek）都发现了更多的金矿和银矿。

佩里准将

下图：1853年，马修·佩里准将的军队在日本登陆。后来他建议美国政府占领太平洋诸岛。

马修·C.佩里（Matthew C. Perry）曾参加1812年战争和美西战争，后来他把自己的目标对准了日本。1853年7月8日，他带领舰队进入江户湾（现在的东京）入口

戴德伍德

　　戴德伍德发现黄金后，吸引过去的可不仅仅是探矿者。西部荒野一些最具传奇色彩的亡命之徒也在那里待过一段时间，其中包括野蛮比尔·希科克（Wild Bill Hickok）和野姑娘杰恩（Calamity Jane），两人在那里待了几个星期。1876年，他们乘坐比尔的朋友科罗拉多·查理·奥特（Colorado Charlie Utter）的马车来到这里，同行的有大约100名探矿者、赌徒和"上班女郎"。

　　詹姆斯·巴特勒·希科克（James Butler Hickok）又名野蛮比尔，既是赌徒又是杀手，在堪萨斯州海斯市任治安官和得克萨斯州阿比林市任司法官时，就曾以杀死多人而闻名。内战期间他是联邦侦察兵、神枪手，还做过间谍。1876年8月2日，他在玩扑克时被杰克·麦考尔（Jack McCall）从背后开枪打死。当时希科克手里握着一对A和一对8，后来这手牌被扑克玩家称为"死亡之牌"。

　　绰号"灾难"的玛莎·吉恩·加纳利（Martha Jane Canary）喜穿男装，行事粗犷，骂骂咧咧，咀嚼烟草，狂饮啤酒。她公开宣称自己爱上了已婚的野蛮比尔，不过野蛮比尔只把她看作好朋友。她于1891年结婚，四年后参加了布法罗·比尔（Buffalo Bill）的狂野西部秀，1901年参加了泛美博览会。后来吉恩又回到了戴德伍德，并于1903年死亡。

右图：真实也好，虚构也罢，野蛮比尔的故事在廉价通俗小说中被大肆渲染，从而成了狂野西部的传奇人物。

处的浦贺港，想要说服日本向美国开放贸易。由于日本没有海军，佩里准将可以在必要时使用他的军事力量。他拒绝了离开的要求，并威胁要武力传递米勒德·菲尔莫尔（Millard Fillmore）总统要求建立外交关系和签订条约的信。

日本人称他的两艘护卫舰和两艘帆船为"邪恶的黑船"，但第二年，执政的幕府签署了一份条约，允许建立外交关系，同意和美国在两个港口进行贸易。日本政府这样做并不情愿，只是因为他们担心鸦片战争中中国的命运落到自己身上。然而，在发现日本的防御能力正在增强后，佩里带领9艘船返回了江户港。1854年3月31日，两国签署了他们的第一份条约——《神奈川条约》（Treaty of Kanagawa），授予美国更多的贸易特权和额外的外交协议。在美国取得这些成功之后，英国、俄罗斯、法国和丹麦等国也与日本签署了获得贸易优惠条件的条约。

佩里揭露了200年来幕府的孤立主义统治的弱点。幕府统治最终垮台，天皇真正成为一国之主，为日本现代化铺平了道路。

一无所知党

尽管是移民的后代，可许多出生在美国的盎格鲁—撒克逊新教徒却反对后来的移民和天主教徒，因为他们认为这些人应该效忠教皇。1837年，美国成立了美洲原住民（不是指印第安人）协会，后来在1849年又成立了秘密社团星条旗社，1854年这个社团改名为美国人党。后者一般被称为"一无所知党"，因为该党用密码和手势保密，有人问及他们的会议和行动时，成员被要求回答"我一无所知"。

一无所知党的成员举行运动，要求剥夺移民和天主教徒的投票权，不让他们担任公职。他们的政党在1855年立即产生了影响，赢得了地方和州选举，最终将100多名新成员送进美国国会，并有8名党人当选州长。不过这种成功是暂时的。第二年，在1856年的全国大会上，支持奴隶制的代表取得了控制权。1861年，当全国国民的注意力转向内战，美国出生的士兵与新移民和天主教徒在联邦和邦联军队中并肩作战时，该党便衰落了，从此一蹶不振。

奴隶制

在维多利亚时代，美国的奴隶制已经确立。16 世纪初，英国人第一次把奴隶运到西印度群岛和美洲，之后不久，新英格兰的奴隶商人又开始了奴隶贸易。乔治·华盛顿、托马斯·杰斐逊和美国其他开国元勋家中都有奴隶。到 1804 年，北部各州都已禁止奴隶制，3 年后英国议会也禁止了奴隶贸易。1808 年，美国国会宣布再向该国进口奴隶是违法的。

1860 年，即美国内战爆发前一年，美国的人口普查记录显示，有 3953760 名奴隶，除 429421 名奴隶之外，其他奴隶都在南部各州，因为南部以劳动密集型农业为主，棉花是最重要的农作物。另一方面，北方受到工业革命的驱动，所以北部各州的废奴运动已经发展到解放所有奴隶的程度。1820 年，美国有 11 个州奴隶是自由的，还有 11 个州是蓄奴州。关于美国的哪些新领土和州将被允许拥有奴隶的争论越来越激烈。国会曾提出过几次折中方案，但都没有奏效。

1860 年林肯当选总统后，南方各州担心他所在的共和党会限制奴隶制。1860 年 12 月 20 日，南卡罗来纳州率先脱离美国。第二年又有 10 个州（密西西比州、佛罗里达州、阿

右图：奴隶们往往极度辛苦，而且经常受到虐待，奴隶主会拆散他们的家庭，把孩子卖给其他奴隶主。

约翰·布朗

1859 年 10 月 16 日，激进的废奴主义者约翰·布朗（John Brown）率领 21 人在弗吉尼亚州（现在的西弗吉尼亚州）哈帕斯渡口突袭联邦军械库，希望奴隶们能加入他们，结果却没人这样做。布朗劫持了人质，罗伯特·E. 李上校（未来的南部邦联将军）被派去镇压这次起义。他指挥美国海军陆战队击伤并俘虏了布朗，杀死了他的 10 名追随者。布朗被判暴动、叛国和谋杀罪，于 12 月 2 日处以绞刑。

废奴主义者都把布朗看作是先驱。歌曲《约翰·布朗的遗体》（*John Brown's Body*）变得流行起来，后来这首歌的歌词被改写为《共和国战歌》（*The Battle Hymn of the Republic*）。

上图：发动起义 3 年前，约翰·布朗和 4 个儿子以及其他人已经杀死了支持奴隶制的 5 名无辜民众。

拉巴马州、佐治亚州、路易斯安那州、得克萨斯州、阿肯色州、北卡罗来纳州、弗吉尼亚州和田纳西州）脱离美国并成立了南部邦联。

美国内战

起初，南方蓄奴各州似乎可以与北方和平相处。林肯总统说过，他不会改变现存奴隶的身份。"我相信我没有合法的权力这样做，"他说，"我也不想这样做。"南部邦联的总统杰斐逊·戴维斯（Jefferson Davis）说："我们所要求的，就是不要干涉我们。"《纽约论坛报》则提出，如果南部各州想要独立，"那么我们坚持要求以和平的方式分开"。

　　但后来的发展却并非如此。当南卡罗来纳州要求接管联邦位于查尔斯顿港一个岛上的萨姆特堡时，林肯却派了增援部队。1861 年 4 月 14 日，南部邦联的炮火轰击了萨姆特堡，战争由此拉开了序幕。

　　4 月 15 日，在没有任何人员伤亡的情况下，萨姆特堡被南方军队攻陷。林肯派出 7.5 万名志愿者去平息这次暴动。总统和国会都表示，这场战争是为了保护联邦，而不是为了解放奴隶。之所以做出这些声明，是为了让四个蓄奴的边界州在联邦一方战斗，结果他们也确实这样做了。

　　1861 年 7 月 21 日，南北战争的第一场主要战役发生在弗吉尼亚州的马纳萨斯，靠近华盛顿特区。出人意料的是，第一次布尔溪战役——南部各州称之为马纳萨斯战役——由南方军队取得了胜利。联邦军队混乱地逃回华盛顿，伤亡 2645 人，邦联军队则伤亡 1981 人。

下图：来自华盛顿的政界人士和社会团体希望亲眼见证第一次布尔溪战役，看到战争失败后，他们仓皇逃离。

北部各州拥有压倒性的人力和武器，预期会迅速结束战争，结果后来的进展却是旷日持久、打打停停，最终才攻克南部邦联的首都——弗吉尼亚州的里士满。在连续四年的冲突中，随着战役的增加，伤亡也随之增加。在希洛、安提坦、弗雷德里克斯堡、香榭勒斯维尔、葛底斯堡和奇卡马加等地都发生过重大战役。据估计，南北战争导致 618222 人死亡，是美国战争史上死亡人数最多的。北部联邦损失了 360222 人，南部邦联损失了 258000 人，不过最近的人口调查研究估计的死亡总数可能为 75 万人。

1862 年 9 月 22 日，林肯发布了《解放黑人奴隶宣言》（Emancipation Proclamation），宣布释放邦联各州的所有奴隶。这样做的目的之一在于阻止反奴隶制的英国承认南部邦联。

大多数战役都发生在弗吉尼亚州，但战争的两个转折点分别是：1863 年 7 月 3 日宾夕法尼亚州的葛底斯堡战役，南部邦联的李将军在那里遭受了毁灭性打击；7 月 4 日在密西西比州的维克斯堡，格兰特将军的围攻使守军饥肠辘辘，被迫投降，从而使得联邦军队控制了至关重要的密西西比河。

第一次装甲战舰之间的战斗发生在 1862 年 3 月 9 日，当时南部邦联的"弗吉尼亚"号［先前叫"莫瑞麦克"号（Merrimack）］战舰在弗吉尼亚州汉普顿锚地水域与联邦的"莫尼特"号（Monitor）战舰进行了 3 个小时的

右图：李将军（坐在左侧）在弗吉尼亚州阿波马托克斯郡府所在的村庄向格兰特将军（坐在李将军的右边）投降。

战斗，最终未分胜负。在公海区域，英国为南部邦联建造的"阿拉巴马"号（Alabama）战舰载着许多英国水手到处耀武扬威，俘获了 65 艘北部联邦的商船，烧毁了其中 52 艘。

1865 年 4 月 9 日，手下军队衣衫褴褛、难以饱腹、经常赤脚的李将军向格兰特将军投降。在首都举行庆祝活动的过程中，林肯总统于 4 月 14 日被暗杀，刺客约翰·威尔克斯·布斯被一路追捕，最终被击毙。唯一一个因战争被处决的前邦联成员是安德森维尔监狱臭名昭著的典狱长，因为许多北部联邦的战俘死于狱中。

在叛乱各州的重建过程中，国会实施的严格的军事占领政策持续了 12 年，一直到 1877 年。只有在 10% 的人口签署了效忠美国的誓言后，这些州才获准重新加入联邦。

内战将领

在美国内战众多战绩卓著的杰出将领中，有 4 位名列前茅。

尤利西斯·S.格兰特，1843 年从西点军校毕业，参加过墨西哥战争。他于 1854 年辞职，从事农业和房地产行业，但一无所成。后来他以上校的身份参加内战，两个月后成为准将。1862 年 2 月，他在田纳西州亨利堡俘虏了 1.5 万名邦联士兵，赢得了联邦的第一次胜利。

格兰特以制服凌乱、沉默寡言和酗酒著称。报道他的军队的记者都宣称曾目睹过他的醉酒状态。

上图：南北战争前，格兰特将军在密苏里州圣路易斯附近务农，出人意料的是，他家也有 3 个奴隶。

格兰特对密西西比州维克斯堡进行了为期 6 周的围攻，并于 1863 年 7 月 4 日将其攻陷，俘虏 3.16 万名敌兵，从而在密西西比河将南部邦联一分为二，他因此名声大噪。1864 年 3 月，他被任命为联邦所有四个军的总司令，在几次战争中对南方军罗伯特·E.李将军的军队紧追不舍，迫使后者于 1865 年 4 月 9 日在弗吉尼亚州阿波马托克斯郡府投降。

南北战争结束后，格兰特于 1868 年当选美国总统，1872 年再次当选。他在 1885 年和 1886 年出版了回忆录。"战争使我们成为一个拥有强大权力和智慧的国家。"他写道，"我们在维护国内的和平、幸福、繁荣以及其他国家的尊重方面几乎无能为力。"

罗伯特·E.李，1829 年从西点军校毕业，也参加过墨西哥战争。1852 年，他成为西点军校的校长，后来还曾带领骑兵与印第安人作战。1859 年，他率领美国海军陆战队抓获了激进的废奴主义者约翰·布朗。林肯总统在 1861 年 4 月安排他指挥联邦军队，但李却没有接受，因为他不能与已经加入南部邦联的故乡所在的弗吉尼亚州作战。

南北战争开始后，李被提升为准将。在弗吉尼亚州保卫邦联的首都里士满时，李经常表现得比人数更占优势的部队更胜一筹。他率领北弗吉尼亚州的军队，在第二次布尔溪战役、弗雷德里克斯堡战役（己方 5300 人伤亡，联邦军队伤亡 1.3 万人）和钱瑟勒斯维尔战役中都取得了胜利。在最后一次战役中，敌方的军队人数是他们的两倍多。1863 年 7 月，他在宾夕法尼亚州的葛底斯堡遭遇了决定性的失败，撤退后他与格兰特将军的大军发生了遭遇战。格兰特的军队减员比李还多，但他仍然击败了南方军队，并在 1864 年冬季包围了弗吉尼亚州的彼得斯堡。1865 年 2 月 6 日，李被任命为所有邦联部队的总指挥，两个月后南方军队投降，结束了战争。李以冷静、善良著称，但他也说过："战争如此可怕是件好事。我们都应该变得非常喜欢战争。"

李退役后，担任了里士满的华盛顿学院（现为华盛顿和李大学）的校长。他呼吁南方人接受失败、认同国家统一，他说："我相信，团结起来恢复国家，重建和平与和谐，是每个人的责任。"

威廉·特库姆塞·谢尔曼（William Tecumseh Sherman），1840 年毕业于西点军校，曾参加过塞米诺尔战争。在成为路易斯安那

上图：李以彬彬有礼、军容严整著称。在战争期间，他通常把邦联的敌人称为"那些人"。

州一所军事学院的校长之前，他曾经是一名银行经理。他以上校的身份加入联邦军队，在第一次布尔溪战役中领导一个旅后被提升为准将。他曾经劝说格兰特将军不要退役，并和他一起围攻维克斯堡。

谢尔曼将军一度精神紧张，陷入幻觉，有时会高声自言自语。1861 年 11 月，战争部长将他遣送回家。有一家报纸曾刊登题为"谢尔曼将军精神失常"的文章。谢尔曼后来写道："格兰特在我发疯的时候站在我身边，我在他喝醉的时候

左图：南北战争之后谢尔曼成为美国陆军总司令，他在 1869 年至 1884 年间担任这一职务。

站在他身边；现在我们总是站在一起。"

谢尔曼通过攻击佐治亚州变得更加出名。1864 年9 月，他占领了亚特兰大，11 月，他开始了他那声名不佳的"穿越佐治亚州"或"向大海行军"，发誓要"让佐治亚州鬼哭狼嚎"。他的士兵向平民复仇，偷走食物，焚烧房屋。谢尔曼随后向大西洋沿岸佐治亚州的萨凡纳市行军，到达北卡罗来纳州，在李将军投降4 天后，他迫使南方军在罗利投降。和平到来后，他简单地说了一句："战争就是地狱。"

右图：杰克逊极其虔诚，从不抽烟喝酒或口吐脏话，经常在战场内外祈祷。

托马斯·乔纳森·杰克逊（Thomas Jonathan Jackson），1846 年毕业于西点军校，参加过墨西哥战争，后来在弗吉尼亚军事学院任教，1859 年曾经带着学生去看废奴主义者约翰·布朗被绞死的情形。南北战争开始后，他被提拔为准将并很快就赢得了"石墙"杰克逊的绰号，因为他的部下在第一次布尔溪战役中坚守阵地毫不动摇。

杰克逊以其古怪的习惯而闻名，比如吮吸柠檬，张着嘴无声地大笑，为了自己的内脏位置均衡总是坐姿笔直。他以高超的战术赢得了名声，因为他的战术总是胜过对手一筹。他用火车运送士兵奔赴战场，曾经在一个月内打败了三支联邦军队。杰克逊和李将军在钱瑟勒斯维尔交战时，在黄昏时分被手下的士兵严重误伤，达到不治的程度。他的左臂被截肢后，李将军哀叹道："他失去了左膀，可我却失去了右臂。"一周后，杰克逊不幸去世。

莫利·马格瑞斯

19 世纪 60 年代和 70 年代，恐怖统治席卷了宾夕法尼亚煤田。当时一个由爱尔兰人组成的秘密组织莫利·马格瑞斯（Molly Maguries）竭力清除对爱尔兰工人的偏见。据说他们的名字来自爱尔兰的一位天主教遗孀，为了避免英国新教徒把她带走，她曾躲在自己的小屋里。当这个秘密的爱尔兰人社团在他们自己的国家转向暴力时，他们经常高呼一些激烈口号。

爱尔兰土豆饥荒期间，这个社团的许多成员去了美国，有些人为他们袭击的矿主工作。他们使用恐吓和身体攻击等手段把矿主、警察和其他对手弄

上图：1877 年 6 月 21 日，莫利·马格瑞斯社团的 6 名成员在宾夕法尼亚州的波茨维尔被绞死，另外 4 名成员在宾夕法尼亚州的莫奇·查克（Mauch Chuck）被绞死。

残废或杀害。他们引发了暴乱，炸毁了运煤的火车车厢。1876 年，随着他们的暴力行为的增加，矿主雇用了著名的平克顿侦探社来调查情况，侦探社派卧底詹姆斯·麦克帕兰德（James McParland）渗透到该组织中。他的证词指控了该组织的领导人；1876 年有 24 人被定罪，10 人被绞死。后来的证据显示，有一些麻烦是由矿主的代理人引起的。

卡斯特的最后一战

尽管在西点军校毕业时成绩是班级最后一名，乔治·阿姆斯特朗·卡斯特（George Armstrong Custer）却在内战中成了联邦军队的将军。他以引人注目的相貌而闻名，留着一头金色的卷发，穿着自己设计的制服。南北战争结束后，1866 年，他以中校的身份加入了美国第七骑兵队，与印第安人作战。1868 年 11 月，他在印第安人领地（现在的俄克拉荷马州）的瓦希塔河赢得了对夏安族印第安人的重大胜利。

1876 年，卡斯特带着两队人马中的一队，攻击"坐牛""疯马"等酋长率领的拉科塔苏族印第安人和夏安族印第安人，打算迫使他们回到保留地。他于 6 月 24 日晚抵达蒙大拿州小巨角河河畔他们的营地。第二天早上，卡斯特抗命没有等待另一队人马，而是把自己的部队分成三路，带领他们进攻印第安人的营地。

上图：卡斯特和他的部下在小巨角河战死。2010 年，卡斯特在最后一场战斗中仅存的骑兵战旗以 3220 万美元的价格被拍卖。

发现印第安人数量占优势后，卡斯特就想带着手下逃走。结果骑兵却进入了数千名印第安人的包围圈。其他两路拼命冲出包围撤了出去，剩下的那一路被包围了。在不到 1 小时的时间里，所有 265 名士兵和军官都被屠杀，其中包括卡斯特的两个兄弟：一个是他的副官托马斯·沃德·卡斯特（Thomas Ward Custer）上校，另一个是文职雇员波士顿·卡斯特（Boston Custer）。两天后，卡斯特奉命等待的那支部队抵达，于是印第安人撤出了战斗。

坐牛

14 岁时，坐牛参加了第一次战斗，当时就表现出无畏的精神。1863 年，他第一次与美国军队交战，1867 年左右，他被任命为整个苏族的首领。第二年，他与美国达成和平协议，接受了美国政府给苏族在达科他准州（现在的南达科他州）安排的保留地。可是等到后来黑山发现金矿时，大约 1000 名矿工冲进了指定为保留地的区域。苏族最后移居到其他地区，而且拒绝返回。

当乔治·克鲁克（George Crook）将军来驱赶他们时，坐牛召集了苏族、夏安族和阿拉帕霍族的勇士们。1876 年 6 月 17 日，在蒙大拿州的罗斯巴德战役中，他们迫使美军士兵撤退。这导致卡斯特于 1876 年 6 月 25 日至 26 日在小巨角河战役中的反击和杀戮。等待美军士兵攻击时，坐牛自我折磨，陷入了恍惚的状态，似乎看到士兵像蝗虫一样从天上掉下来。

坐牛带领追随者逃到了加拿大，但 4 年后因为饥饿他们只好投降。1885 年，他参加了布法罗·比尔的狂野西部秀，并赢得了国际声誉。1889 年，他参与了鬼舞运动，该运动认为美洲土著的"亡灵"会回来扫除白人侵略者。由于担心这种精神崇拜的影响，1890 年 12 月 16 日，美国军队派 43 名美国土著警察和 4 名美国土著志愿者到格兰德

下页图：坐牛是一名精神领袖，自称能收到"无处不在之神"的"神示"。

布法罗·比尔

14 岁时，威廉·弗雷德里克·科迪（William Frederick Cody）加入了"驿马快递"，因为这家公司招募"身材瘦小、骑术精湛、敢于每天都冒生命危险的骑手"。他幸存下来，后来以侦察员和骑兵的身份参加了内战。1867 年，他在为建造堪萨斯太平洋铁路的工作人员猎杀野牛的过程中，赢得了自己的绰号。他声称自己在 17 个月内杀死了 4230 头野牛。他和另外一些先锋猎人对野牛的猎杀是印第安人遭受饥荒的主要原因。

1868 年，科迪再次入伍，这次是与印第安人作战，他获得了国会颁发的荣誉勋章。因为廉价小说中真实的和虚构的故事对他的描述，他成了民间英雄，他还撰写了一些剧本，并参与演出。1876 年，他再次成为侦察兵，并在肉搏战中杀死了夏安族印第安人首领"黄毛"。1883 年，科迪推出了布法罗·比尔的狂野西部秀表演，由安妮·奥克利（Annie Oakley）和坐牛酋长主演，再现了卡斯特的最后一战。1887 年，狂野西部秀还在维多利亚女王的金禧盛典演出，并在欧洲巡演。

1890 年，美国军队在南达科他州翁迪德尼（Wounded Knee）屠杀了约 200 名拉科塔族印第安人之后，科迪帮助实现了所谓"和平"。科迪继续演出直到 1916 年，并于 1917 年 1 月 10 日去世。

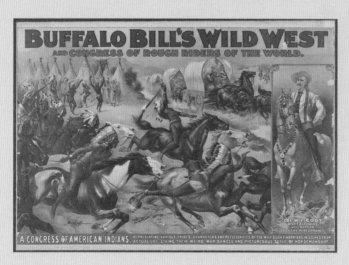

左图：布法罗·比尔的表演有时会给狂野西部的主题增添一些异国情调。

河坐牛的家逮捕了他。大约 150 名追随者试图营救他。在战斗过程中，坐牛被意外射杀，当场死亡，另有 14 人丧生。

《排华法案》

《排华法案》（Chinese Exclusion Act）的正式名称是 1882 年的《移民法案》（Immigration Act），之所以被民众称为"排华法案"，是因为该法案禁止技术性和非技术性的中国劳工进入美国。这一法案由美国国会通过后，经切斯特·A.亚瑟（Chester A. Arthur）总统签署成为法律，它还禁止任何离开美国的中国人再返回美国。到 1870 年，华人已经占加州人口的 8.6%，占劳动力的 25%。到 1880 年，有 105465 名中国人生活在美国，其中 75000 人生活在加州。这一法案通过的那一年，有 39600 名华人移民美国，但三年后却只有 22 人。

这一法律是第一部禁止某一特定国籍的人移民美国的联邦法律。它的有效期是 10 年，后来又被延长了 10 年，并进一步要求中国人携带身份证明，否则会被驱逐出境。这项法律于 1904 年被确定为长期有效，直到 1943 年才被废止。

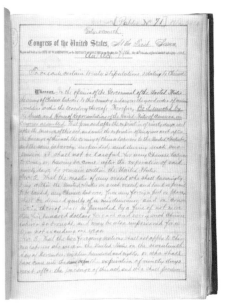

上图：《排华法案》主要是对美国西海岸当地人的一种回应，因为他们将失业归咎于所谓的中国工人过剩。

美西战争

古巴从 1895 年开始寻求从西班牙独立，但每次稍有反抗，就会遭到镇压。在报道古巴早期紧张局势的人中，有《每日纪事报》（*The Daily Graphic*）记者温斯顿·丘吉尔中尉，

西奥多·罗斯福

参加美西战争之前，西奥多·罗斯福毕业于哈佛大学，1895～1897年一直担任纽约市警察局长。战争爆发时，他是海军的助理部长，并辞职组建了他在战争期间领导的第一支义勇骑兵团。

这些"狂野骑士"包括很多类型，有大学男生，有赌徒，还有探矿者。1898年7月1日，在古巴的战斗中，他们向凯特尔山和圣胡安山发起著名的冲锋，清除了那里的西班牙人。他们损失了三分之一的士兵，这是美国军队伤亡率最高的一次战斗。

上图：罗斯福总统经常引用西非的一句谚语来解释他的外交政策："讲话要柔声细语，但手里要拿着一根大棒。"

战争使罗斯福成为英雄。就在战争结束那一年，罗斯福当选纽约州长，1901年，他当选美国副总统。威廉·麦金利（William McKinley）总统遇刺后，42岁的罗斯福成为美国历史上最年轻的总统。他于1905年再次当选。他发起了巴拿马运河的建设，并调停了日俄之间的战争，从而获得了诺贝尔和平奖。

罗斯福的"泰迪"绰号是因为他有一只柔软的泰迪玩具熊，他在密西西比州打猎时曾经拒绝射杀一只黑熊（一只老熊，不是一只幼崽）。

下图：西奥多·罗斯福上校跟狂野骑士们一起拍照留念。这支队伍共1060人，骡马1258匹。

尽管他的官方身份是西班牙军队的军事观察员。

美国的"缅因"号（Maine）战舰被派去古巴接应美国人，结果却于1898年2月15日在哈瓦那港因为一次神秘的爆炸而沉没，造成260名船员死亡。《纽约世界报》（New York World）和《纽约杂志》（New York Journal）之类的美国报纸都做了轰动性的报道，激起了公众的战争情绪。《纽约杂志》的老板威廉·伦道夫·赫斯特（William Randolph Hearst）主编甚至被认为是美西战争的发起人，他给杂志的插图画家弗雷德里克·雷明顿（Frederic Remington）发电报告诉对方："你负责插图，我来负责战争。"

　　尽管西班牙开始授予古巴有限的自治权，但美国国会还是通过了一项决议，允许总统在必要时使用武力。1898 年 4 月 24 日，西班牙向美国宣战；第二天，美国对西班牙宣战。5 月 1 日，乔治·杜威（George Dewey）准将率领的美国海军舰队驶往菲律宾，在马尼拉湾摧毁了西班牙的舰队。到 8 月，马尼拉已被美军占领。在古巴，威廉·沙夫特（William Shafter）将军率领的一支美军在圣地亚哥附近登陆，其中包括西奥多·罗斯福中校和他的第一义勇骑兵团，俗称"狂野骑士"。大军进驻圣地亚哥，将西班牙海军上将帕斯库尔·塞拉·托佩特（Pascual Cerveray Topete）指挥的加勒比舰队驱逐出该城的港口。7 月 3 日，这支舰队沿海岸航行，结果被美国的大炮摧毁。

　　1898 年 12 月 10 日，《巴黎条约》签订，这场一边倒的战争就此结束（美国只有 400 人阵亡）。西班牙放弃了对古巴主权的控制，将波多黎各和关岛割让给美国，并以 2000 万美元的价格转让了对菲律宾的控制权。美国强烈否认其正在建立殖民帝国，但对遥远地区的新领土及其日益增长的国际声誉和权力感到自豪。

图片出处

出版后记

    《至暗与巅峰》是美国作家约翰·D. 赖特所著的关于 19 世纪英国维多利亚时代的作品。该书是一部大众通俗历史读物，既展现了大英帝国黄金时代的繁荣与扩张，也揭露了普通民众面对的苦难与黑暗。作者通过辉煌与至暗的对比，展现了这一撕裂时代的全貌，为我们认识英国维多利亚时代打开了一个新的视角。

    在引进此书的过程中，我们对书中内容做了细致的审读。我们并不完全认同本书作者的观点和结论，而是希望通过翻译和出版本书，让读者可以更广泛地了解国外学者对这一历史时期的看法，以及国外相关研究的新发展，从而更好地理解这一传统意义上英帝国的黄金时代。读者在阅读本书时，可以客观且全面的视角，来理解本书的内容。

    由于编者水平所限，难免存在疏漏之处，敬请广大读者批评指正。